念住內觀

以直觀智解脫心

The State of Mind Called Beautiful

班迪達尊者——著　觀行者——譯
Sayādaw U Paṇḍita

目次

【導讀】

想離苦得樂，請聆聽班迪達尊者的教誨

溫宗堃

緬甸班迪達尊者（Pandita Sayādaw, 1921-2016）是二十世紀影響西方禪修教學的核心人物之一。其實修方法承繼緬甸馬哈希尊者（Mahāsi Sayādaw, 1904-1982），在實修教學上強調準確而精進的觀照，在理論說明上則注重依據巴利經論，而非個人意見。此書的內容是尊者在八十二歲時（二〇〇三），於美國「內觀禪修協會」（Insight Meditation Society）「森林皈依所」（Forest Refuge），爲參加爲期一個月的「念住內觀」（satipaṭṭhāna vipassanā）禪修營的禪修者所開示的內容。書共六章。以下，略述各章內容，供讀者參考。

第一章「修學概觀」，總括佛陀的教法為「三學」：戒、定、慧。克制錯誤行為（戒）去除表顯於身、語行為的「違犯煩惱」；訓練專注力（定）除去浮現於意識裡的「纏縛煩惱」，洞見的智慧（慧）則克服潛藏於潛意識中的「隨眠煩惱」。

在家的戒學是持守五戒。以不殺生而言，即使對蚊子也要試著不殺。這裡需要培養「慚」、「愧」與「慈」、「悲」。其中，「慚」、「愧」是對道德上的羞恥感與害怕，能讓人免於犯戒作惡，然而，它並非是對自我瞋恨、罪惡感、自責、憂慮，而是一種辨別力和決定力。修行之初，通常會練習四護衛禪，幫助防護內心的煩惱。四種護衛禪包括「佛隨念」、「慈心禪」、「不淨觀」、「死隨念」。「念住內觀」能夠斷除煩惱，因此在「內觀」禪修營期間，只需用短暫時間修行四種護衛禪。

第二章從介紹四護衛禪的「佛隨念」開始。「佛隨念」是有系統地思惟佛陀的功德。若不憶念佛陀，也可改而修習「法隨念」。此章詳細討論「明」（智）與「行」（悲）兩種功德的相輔相成。另外，內容也包括：自利利他的順序——若不先救度自己，便無法救度他人；四聖諦與聖者的關係；什麼是「佛陀」；佛陀的心靈傳記。尊者強調：「佛隨念」的眞正意思是，實際走上佛陀走過的道路——禪修。尊者鼓勵在禪修營的人們不要因散亂和怠惰，而白白浪費體驗眞正快樂的機會。禪修才是禮敬佛陀的最崇高方式。

第三章談「慈心禪」。尊者說明「慈」是一種友愛的態度，本質上是「無瞋」，慈心存在時，便沒有瞋心。這是對人際關係中特別重要的特質。尊者依阿毘達磨說明「慈」的特性、作用、顯現的情況和近因。了解某法的近因，有助於該法的培養。慈心的近因，是見可愛之處。透過「如理作意」去選擇關注自己和他人的可愛處和優點，便能夠對自己和他人產生慈愛。在「慈」的說明後，尊者也詳細介紹了其他的「梵住」：悲（悲憫）、喜（隨喜）、捨（平等心）。需留意的是，「慈」容易與「貪愛」混淆、「悲」則易與「憂傷」混淆。更重要的是，面對人事物，當慈心、悲心、喜心不適用時，便應該修習捨心。此章後半段說明慈的培育方式，包括身業慈、語業慈和意業慈。意業慈便涉及慈心禪的實修方式，在此章有詳細的說明。尊者說得實際：對他人散發慈心，他人也許不會改變，但自己的內心卻會先變得安詳。

第四章談及「念住內觀」如何令心解脫。尊者指出「法與律」的意義，兩者是佛陀滅後佛弟子的老師，教人形塑美麗的身、語、意，能帶給眾生幸福。在佛陀的「法與律」之前人人平等，都有機會體證法，享受「戒、定、慧」訓練的利益。可以使人斷除一切煩惱，證得阿羅漢，甚至成佛。學習「法與律」的正確方式是：親近善士、聽聞正法、如理作意、法隨法行。一個聞法求知的楷模是彌蘭陀王。在這章中，尊者介紹禪修營的作息，詳細解說念住內觀禪修的基本指導，包括靜坐的練習、行禪的練習和一般活動的觀照。如何與老師面談是尊者禪修營的一個重點，尊者在此章也有精要的說明。

第五章進一步談及「念住內觀」禪修的實踐與理論，說明在每次的正念觀照中如何具備八聖道和「戒、定、慧」三學，同時自利又利他。在這章，從實修的角度詳細解釋「念」的特性（不漂浮）、作用（不忘失）、現起（守護）和近因（牢固的想）。但正念並非獨立運作，而需要其他心理特質的支持，包括「精進」、「尋」、「伺」等。若持續練習，「念」生起的速度會逐漸加快，奔向所緣。當六根門的所緣一生起，「念」需要立即同時到位，如此煩惱才無有機會生起。所有在當下生起的所緣，都需要用完全的力量與正確的瞄準去觀照。要避免囤積煩惱，就必須注意「當下生起」的所緣——尊者強調，這話需要說一千次。持續注意後，正念變強時，將能夠獲得「見清淨」，看見一切活動，只是心與身的現象，沒有恆常而獨立存在的「我」；身心現象的因果關係也將變得清楚。當信心、修行的意欲、努力與勇氣、正念、定力變強時，內觀智慧就會增長。《念住經》的方法雖多，但可以總結爲一個指示：觀察當下明顯的所緣。隨著持續的修行，禪修者將體驗到身心現象不斷生滅，證得「生滅隨觀智」，並體驗許多容易引生微細執著的正向特質。若能超越這些細微的執著，便能證得更高的智慧。最後，尊者指出，修習觀禪的老師需帶著感恩，對學生表示，自己所教的方法承自於佛陀。老師和禪修者共同透過實踐修行，保存佛陀的教法，爲世世代代帶來快樂。

第六章是學員與尊者的問答。尊者鼓勵禪修者具備信任和勇氣，以同爲家人的精神提出自己的問題，釐清疑點。討論的問題涉及練習和教理的層面。練習上的問題如：「想要發問，但又害怕丟臉。」「努力有可能過度嗎？」「如果我可以持久地打坐，我應該要放棄行禪嗎？」「離開禪修營之後該做什麼？」「能給更多指導，來改善觀照的修行嗎？」「何時斷除思想或感受比較好？何時應該持續注意它們？」「為了體證涅槃，在理論與實修上什麼是最重要的？」讀者將從這些問答，釐清練習方法的疑惑。教理方面的問答，包括：「為什麼選擇腹部的起伏作為主要的所緣呢？」「入流會帶來怎樣的人生轉變？」「一切眾生終究都會解脫嗎？」「如果識在死亡時也消逝，那麼『業』如何從這一生延續到下一生呢？」

如同英文編輯者所說，對於西方人而言，有時候尊者的教法被認為太嚴苛。事實上，尊者的教學「嚴謹樸實」、「老婆心切」，所說皆為禪修者能早日體驗佛法無上的快樂。然而，在充滿變異、不確定、複雜的世代，大多數人處在講求速效、步調快速的環境，身負工作、家庭、人際關係等多種壓力，因此對於傳統禪修營為求「克期取證」的教學方式，或因本有的壓力或因「目的導向」的習慣，而無法立即適應密集的禪修。就此而說，大多數人學習禪修的初期，更需要著重調整緊繃的身心，轉為柔軟、放鬆、平衡的狀態。因此，就大多人而言，更需要牢記尊者基本禪修指導中關於「如何處理其他所緣」的內容（第四章），並適當地運用關於「慈、悲、喜、捨」的教導（第三章），方能有效地調整禪修期間可能出現的身心緊繃。

閱讀此書，如同身處班迪達尊者所帶領的念住內觀禪修營中，聆聽著尊者的諄諄教誨。對於將來希望參加念住內觀禪修營的朋友，此書如同禪修營指導手冊，實際而有用；對於已參加過禪修營的朋友，或將能從此書中發現過往忽略的重點，或將再次復習，加深記憶，從而精煉、提升自己的觀禪練習方法。

溫宗堃，法鼓文理學院佛教學系助理教授，臺灣正念發展協會理事長，卡巴金博士認證正念減壓教師暨師資培訓師。

【前言一】

具體展現弘法熱誠的傳承者——班迪達尊者

傑克・戴維斯（Jake Davis）

引領佛教在西方的教學方式

當班迪達尊者在一九八四年來到位於美國麻薩諸州巴爾市（Barre）的「內觀禪修協會」時，當地大多數人只知道，他是兩年前剛去世的馬哈希尊者的繼任者。然而，對於許多當今西方最資深的老師們來說，那次禪修營是一個絕無僅有的機會，讓他們得以跟著班迪達尊者做長期的密集禪修，並找到眞正的老師。

當我數十年後跟著他修行時，班迪達尊者找出了那次禪修營的相簿。我還記得當他指給我看喬瑟夫・葛斯坦（Joseph Goldstein）、雪倫・薩爾茲堡（Sharon Salzberg）、傑克・康菲爾德（Jack Kornfield）與其他人時，露出了愉快的笑容。那些人在密集禪修了幾個月後，看來自然是容光煥發，也比我印象中年輕得多。

在那一次以及後來在美國、澳洲與其他地方的禪修營之後，這些西方老師們描述，不僅在修習「念住禪修」（satipaṭṭhāna）上，是超乎從前想像地活力充沛與精確，也是第一次長期且密集地修習「四梵住」（brahma vihāra）——慈（mettā）、悲（karuṇā）、喜（muditā）、捨（upekkhā）。

班迪達尊者精確而活潑的「正念禪修」風格，加上修習四梵住，對西方的佛教禪修教導帶來奧妙的影響，其實例多不勝舉而且有目共睹。然而，後來的學生並不那麼清楚，當代西方佛教的教學呈現方式，大多傳承自班迪達尊者，亦即他過去對一整個世代西方老師們的指導。

親近馬哈希尊者，修習「念住」

班迪達尊者生於一九二一年；在四歲時喪母，十歲時喪父。他依照傳統，開始在寺院接受基礎教育，並在十二歲時出家成爲沙彌。十八歲時，他到勃固（Bago）附近教單（Kyauk Tan）的摩訶菩提寺（Mahabodhi Monastery），依止凱拉薩（Sayādaw U Kelasa）長老學習，並於二十歲受具足戒成爲比丘。班迪達尊者後來憑眞才實學，成爲傑出的巴利（Paḷi）學者，在仰光教授經典，並獲得「勝種」（Abhivaṃsa）❶的殊勝頭銜，最後在三十三歲時參加一九五六年的第六次結集（Sixth Sangha Council）❷，並擔任複誦者❸與編校者的雙重角色。

編按：註號○為原註；●為中譯註。

❶「勝種」（Abhivaṃsa）音譯為「阿毗旺薩」，意指「神聖的傳承」。

❷「結集」意指出家僧眾聚集，誦唸並結集出巴利經典的大會。自佛陀去世後，此次是第六次結集。

❸提問者是馬哈希尊者，誦答者是緬甸第一位三藏持者明昆尊者（Mingun Sayādaw）負責誦出三藏。

班迪達尊者在將近三十歲之前，都在仰光教授巴利語，同時也跟著烏佩辛（Sayagyi U Hpe Thin）長者學習英文；他們倆人彼此約定，無論誰先見「法」，就要告訴另外一位。

烏佩辛長者後來到馬哈希尊者新建立的中心修行，對於那裡的教法與實修頗爲滿意並受到啓發，遂鼓勵年輕的班迪達尊者也一同前往。因此，班迪達尊者在廿九歲時，開始修行馬哈希尊者教導的「念住」修行。他也深受啓發，並熱切地跟親友們與其他人分享他親嚐的法味。透過他親身的體驗，班迪達尊者確信佛陀教法的經論學習，必須與禪修的實際應用相輔相成。

以精確的禪風訓練西方老師

在這種體證力量的驅使下，班迪達尊者在三十四歲時，辭去了巴利經典的教授工作，開始接受馬哈希尊者指派的任務。長達三十年，他在仰光中心教導禪修，其中有多位緬甸比丘後來也成爲馬哈希禪修法的傑出指導者。此外，艾倫．克萊門茨（Alan Clements）與史蒂芬．史密斯（Steven Smith）等一些西方年輕人，也在一九八〇年代初期來到中心，在班迪達尊者指導下修行。多半也是由於這些西方年輕人的推薦，班迪達尊者遂於一九八四年受邀到「內觀禪修協會」，指導那次深具歷史意義的禪修營，後來證明是訓練西方老師修習正念的一個主要分水嶺。

一九七九年，五十七歲的班迪達尊者被任命爲馬哈希中心的資深禪師（Nayaka），並於一九八二年馬哈希尊者去世後，成爲中心的住持（Ovadacariya，教授阿闍黎）。他擔任這個職務八年，離開後便創建「班迪達禪修中心」（Panditarama Shwe Taung Gon Center）。這個新中心欣欣向榮，後來在他的指導下，於緬甸與全世界開枝散葉，成立了許多分部。班迪達尊者除了以精確而活潑的禪風訓練數以千計的禪修者之外，也致力於訓練來自尼泊爾、緬甸、美國與各地的女性出家人，讓她們在經典與禪修上都達到最高標準。對於佛陀教法在西方的發展，他這個貢獻極具潛力，正開始受到矚目。

以悲憫心嚴持戒律

班迪達尊者的禪修成就廣受肯定，相對上比較不受西方強調的是，他對於戒律的持守與堅持——持戒清淨是免於自他受苦的根本與必要方法。

一位目前已是長老的緬甸比丘回憶，當他還是個跟隨班迪達尊者的年輕沙彌時，沙彌們是不敢多看尼師或與她們交談的。班迪達尊者本身也是如此地嚴持戒律，然而他會這麼嚴格，卻是出自悲憫的動機，了解若非如此，即可能會因而受苦。

就如美國米凱萊．麥當勞（Michele McDonald）老師所說，正是班迪達尊者持戒的強大力量，讓她深感安全而能信任他作爲指導者，引領她度過許多修行的艱困階段。

以經典的教法作爲修學的重心

班迪達尊者具備眾多才能，但他在教導時都盡可能地減少個人的色彩。

一位美國尼師，也是班迪達尊者的長期學生跋日羅那尼（Daw Vajiranani）回憶，尊者曾說巴利經典裡的佛陀教法是第一優先，其次是「論」（註釋書），其後是現在老師的傳承，至於個人的觀點與創新應該最不受重視。因此，班迪達尊者強調，爲了要能善巧地教導他人，禪修老師必須仔細地研讀巴利經典，而這些教理也必須實際應用在禪修練習上，如此才算是完整地研習教典。

在他本人的教授生涯裡，班迪達尊者從未忘記他自己的老師馬哈希尊者的恩情。他特別強調馬哈希尊者的一個重大貢獻是闡明巴利經典——始自佛陀最初宣說的《轉法輪經》（*Dhammacakkappavattana Sutta*），可以看到巴利經典如何爲禪修提供了精確且實際的指導。

後人將如此紀念班迪達尊者——具體展現了弘法熱誠的傳承者，他傳承了自己所接受的、完整而清淨的佛陀教法。他在這方面表現出驚人的活力，讓他成爲當代最重要的禪修老師之一，並持續四處旅行與每天說法，直到二〇一六年春天，他生命的最後一週爲止。

他的去世，的確代表了一個時代的終結。

傑克．戴維斯（Jake Davis）在將近十年期間，以在家或出家的身分，跟隨班迪達尊者學習與修行。他在夏威夷內觀中心（Vipassana Hawaii）與布朗大學（Brown University）任教過，並在紐約大學（New York University）擔任研究學者。

【前言二】

憶念「尊者老師」

安德魯・雪佛（Andrew Scheffer）

令人敬愛的「尊者老師」

我於一九九一年廿二歲時，第一次見到班迪達尊者。那一次是我短期出家兩個月，首度作長期密集禪修。透過每天的開示、小組會談與個別面談，我愈來愈清楚「尊者老師」（Sayādaw-gyi）是位偉人，我若盡可能長久地跟隨著他，可以學到很多。「尊者老師」，是那些親近他的人對他滿懷摯愛的稱呼。

事實上，由於他殊勝的特質——對佛陀教法的清晰與熱切，以及強調修習正念，我一再地去找他，與他保持密切聯繫長達廿五年。我定期地旅行去看他，通常每年會待上好幾個月。這包括在他指導下禁語禪修的那些年，也包括在多年禪修後，我得以擔任侍者為他服務。就如你在本書中將看到的，尊者老師有一種難以置信的能力，不僅能夠在理論上說法，也能靈活生動地說法。而《念住內觀》這本書，涵括了我從他過去幾千場開示所學習的、對佛陀特質最啟迪人心的說法。

尊者老師多年以前的這些開示，即使到今天仍然如此生動鮮明，實在神奇。而這也是振奮與鼓舞人心的事，尤其他最近才剛去世。

以身作則，傳承佛法

尊者老師並未用他自己的說法來「改進」佛陀的教法，相反地，他總是使用傳統經典裡的解說。在這方面，尊者老師是佛陀最不折不扣的學生，對佛陀與佛陀的話懷有最高的崇敬。而且他持續研讀並省思佛陀的教法，在各方面的領導，都是如此以身作則，為我們這些追隨者樹立了榜樣。此外，他總是以最高標準要求自己，對我們則只要求做他自己曾經做過或正在努力的事。尊者老師是個非常謙卑的人，絲毫未想過要成名、廣受愛戴或建立自己的地位，他只是想盡己所能，有效且無誤地將佛陀的教法傳承下去。

在認識他的這些年裡，除了將他介紹給我的親友之外，我也曾邀請美國大使到新加坡去見他，還有多位著名的西藏仁波切。當翁山蘇姬來拜見尊者老師，為了她在緬甸面臨的領導問題尋求指引時，我也有機會在場。尊者老師經常給予世界領袖指導，而且總是運用佛陀的教法來指導。

從拜訪喧囂熙攘的大都會紐約市，直到他在醫院病床上臨終時，我從未見過尊者老師被「瞋」（dosa）或「貪」（rāga）所影響。他的內心成就——根除了苦因，讓他不會受到世俗狀況的影響。

他的開示是天才的傑作

最近，他的幾位親近弟子們有機會檢視他佛法開示的一些筆記，那些都僅僅是關鍵主題的大綱而已；這清楚地說明，爲何他的開示總是令人難以置信地簡明扼要。他開示中的細節與舉例（在本書中可見）都出自臨場的靈感，從他自己的知識與聽眾的需求信手捻來，他的開示眞可說是天才的傑作。（順便一提，他的開示已被廣泛地記錄整理，並在網路上免費流通，讀者可以親自去查看。）

我們愈是聆聽或研讀尊者老師闡釋的佛陀教法，就愈能明白它們的光輝璀璨。我記得有一次，尊者老師問我，他的開示我完全瞭解的有多少。老實說，在當時我只能理解百分之三十五，而我已經跟著他學習幾十年了！通常是那些比較新的學生或懂得較少的人，才會認爲他們瞭解他說的一切——因爲不會分辨單純的聽聞與眞正理解之間的差別。

對於那些在禪修營之外，也長期與尊者老師相處的人而言，他幾乎總是輕鬆愉快而且風趣的。我有時嘲笑他，雖然名聲像獅子般顯赫，但我卻發現他比較像貓。然而，對親近他的那些人來說，當尊者老師指正我們的過錯或缺點時（他經常爲了我們好而這麼做），我們也總是盡最大努力，儘快且恭敬地回應。

幫助我找到內心的寂靜

在尊者老師身旁，我感覺像是經歷著奇蹟，並非透過任何外在的表現，只是透過他輕快的心以及幫助我找到內心的寂靜，並明智地指引方向的能力，無論我面臨的是什麼樣的世俗情境。無論生命給予我什麼樣的挑戰，尊者老師總是幫助我看到新的曙光，重獲向前邁進的精力與動機，讓我的修行再次得到充分運用。他知道我們會一再地失敗跌倒，會不斷地犯錯，而他總是第一位支持、鼓勵我們再站起來的那個人。

尊者老師終生孜孜不倦地奉獻自己，直到二〇一六年四月的最後一口氣爲止，他出家已經超過七十五年，在東方與西方指導過成千上萬的學生。在《念住內觀》這本書裡，我希望尊者老師的教導也能爲你帶來啓發與清晰的指引！

安德魯・雪佛（Andrew Scheffer）在廿二歲時初次見到班迪達尊者。其後的廿五年，他以出家或在家身分跟隨尊者學習，受過一萬小時以上的禁語禪修的訓練。安德魯目前分別在南加州與紐約都會區教導企業機構員工或個人禪修。他也持續地定期拜訪緬甸。

【編者序】

增長直觀智慧，出離輪迴

凱特・惠勒（Kate Wheeler）

要毫不慈悲地對待煩惱

二〇〇三年五月在美國麻薩諸州巴爾市，「內觀禪修協會」的長期閉關中心「森林皈依所」開幕，並舉辦了爲期一個月的禪修營；本書內容即是當時所講的開示。班迪達尊者當時是八十二歲。當他在二〇一六年四月於曼谷去世時，似乎大地都爲之震動，我們失去了一位大師、正法的巨擘。對我以及許多其他人而言，他就如慈愛的父親或祖父一般，精確地教導我們如何調伏自心。

是的，他也可能是令人感到懼怕、敬畏且嚴峻的。大家都知道，如果他覺得你在小參時的報告並非來自直接的體驗，而是意見與心理劇本（譯按：即戲論）的話，他就會繼續看報紙。他的開示充滿了對「慣犯」與「禪修慢性病患者」的批判；他們一再地參加禪修營，卻不精進努力於獲得解脫。他喜歡使用「碾碎、摧毀、逮住、攻擊、刺穿、根除」這些字眼；「要毫不慈悲地對待內心的煩惱染污」是他的告誡。然而尊者老師也是溫和、風趣的，並且始終不渝地忠於解脫的法則。關於你的解脫，由於只有你能根除你自己的痛苦，而你也常會疏於這個工作，所以，他隨時在那裡幫助你回到正道上。

他是如此地始終不渝。所以，聽到他的死訊，除了失落之外，我也感到驚訝，並驚訝於我的驚訝。畢竟，他不也衰老了嗎？而他不是一直誠摯親切地教導學生，人只不過是一連串無常變化、無我的現象而已嗎？然而，尊者老師卻似乎是不變的。

以馬哈希的觀點提供修行的指引

我們剛認識時，我還懷有疑慮。部分是由於西方的文化歷史與教育背景，我覺得他的沉穩必然只不過是死板的教條所致。的確，尊者老師是個傳統人士，含蓄地信任自己的方式，並相信應該為目標奮鬥。在認識他將近四十年，跟隨著他修行，並從不同距離與角度研究他之後，我現在會說，尊者老師的個性根植於一種同樣不可撼動的內在知見。那給了他做為老師與領導者的非凡力量，能夠毫不留情地去蕪存菁，化繁就簡。

他的美國之行以及隨後出版的書籍，徹底改變了內觀禪修在西方的教導與修行方式。一九八四年，他六十三歲時的初次訪問，為美國、澳洲與歐洲的內觀傳承的創辦者和資深老師們充上了電。那次禪修營的開示，後來出版為《就在今生》(*In This Very Life*) ❶這本書，從馬哈希禪修風格的觀點，提供了修行正法的地圖指引。

《就在今生》說明了禪修方法、初期的各個階段，以及所謂「內觀進程」的陷阱。馬哈希傳承視「內觀進程」為出離內心痛苦的必要條件，也是通往涅槃的直接之道。這個進

---

❶本書中譯本《今生解脫》，已於二〇〇六年由香光書鄉出版社出版。

程由一系列依序轉變的感知所組成，隨著那種修行方式的進展一一生起。（要注意，這個次第是一種歷程，而且很容易被誤解，尤其當你嘗試自我評斷時；它的發生也因人而異。所以，最好是報名禪修營，由一位有經驗的老師給你個別指導。）

二〇〇三年那次禪修營，尊者老師帶了兩位年輕比丘禪師——一位是緬甸人，另一位是德國人，依照馬哈希方法的要求，進行一致而頻繁的小參。還有兩位尼師——一位緬甸人與一位美國人，正在受訓成爲禪師，以及一位美國在家人隨行翻譯。第一天晚上，當這群人大陣仗地走進法堂時，尊者老師的用意十分明顯。我記得自己坐在墊子上想著，這好像是個搖滾樂團，「他們是來表演的」，並且暗自下定決心，要盡自己最大努力來會見他們。

一如往常，禪修學員包括了資深老練的佛教老師與初次的禪修者，有個人甚至連一個晚上的禪修都未曾坐過，卻出乎意料地贏得報名樂透獎；他整個禪修營期間都穿著一件黑皮夾克。我曾看到他在林子裡焦躁地吸菸，但他成功地撐到了結束。我有時會好奇，那一整個月的禪修對他有什麼長遠的影響。

修習八聖道可療癒人心

尊者老師安坐在他的比丘寶座上，清清喉嚨，便開始了本書裡的第一篇開示。他沒有筆記小抄，以快速低沉的緬甸話開講。明顯地，他正採用一種新的方式——這一系列開示（編錄在本書裡）會有一個更寬廣的視野。

他從基礎教法開始概述。「法」——眞理，是我們應該要做的事；「律」——規則，是我們應該要停止做的事。在這兩者之間，我們的修行就像是種花與拔草；從事修行以強化自心並療癒社會與家庭，這是必要的，因爲暴力、戰爭與動亂不安就是我們當今的狀況。這些修行稱爲「四護衛禪」，它們提升並保護我們，即使資深禪修者也要修行它們。

但是，僅僅從事禪修這樣的內在行爲仍是不足的，還必須採取顯現於在外的、慈悲的行動，但不能違反道德。他說，地球似乎被控制在那些「不像人而更像惡魔」的人手裡。

而試圖反制這些非人的那些領袖們，通常也沉淪到同樣的層次。他說，我們必須抵制這種事。他觀察到，「慈悲，讓你說該說的話；而智慧，則讓你不懼怕後果。」當時，他的祖國正受到殘酷的獨裁專制，而尊者老師冒著極大的個人危險，公開支持民主改革。

接下來，他深入剖析「法」如何能療癒人心的根本機制。《念住內觀》裡的核心教法之一，就是說明「八正道」如何以及爲何存在於正念具足的每一刻裡。他也將戒、定、慧的關係，以系統化且具體化的方式呈現，讓任何心理分析師都會推崇備至。

節制能壓抑住因衝動而起的身體行爲，於是外表雖然看來平靜，但是那惱人的衝動仍然深深潛伏，並且很可能持續下去。專注的訓練可以將心從它所癡迷的對象移開。最後，心足夠清明時，直接的覺知能夠洞察到事物原本的無實質性。這是直觀智慧如何增長並消融內心痛苦的方式。

「煩惱是令人作嘔、恐怖、可怕與令人畏懼的。」他的話如雷貫耳。看看周遭世界，問問自己這句話對不對。

以善巧、清晰的教導回應中傷與批評

從二〇〇三年的禪修營開始，「森林皈依所」已經接待過數以千計的禪修者，並產生了幾十億的正念時刻。

班迪達尊者的成功，緣於各種影響力的推波助瀾——對於「內觀進程」的高度興趣與一些中傷、批判。有些線上指南描述了馬哈希尊者一直隱瞞的細節，那原是為了避免禪修者無辜地沉迷在不實的體證裡，以致陷在概念裡而無路可走。而其他一些網路社群則批評，「內觀進程」是危險的與破壞穩定性的。

一些睿智的比丘大師強調放鬆、開放寬廣的覺知；一些在家老師則在深度禪修營裡，開示得頭頭是道；還有西方心理師勸導大家要先修習慈愛，因為嚴苛而自我憎恨的心很難用功。通常過不了多久，就會有人提起班迪達尊者，大多是在捍衛某種方法時，用來作為對比以自圓其說。他的方法被認為太過嚴苛，並非心理上的領悟。當然有些批判是公正的，但其他則顯得既苛刻又膚淺。

班迪達尊者是個傳奇人物，因爲他實至名歸。何時該細緻，何時該強悍，如何精確地抓住體驗，如何區別眞實與虛幻，當佛陀最眞實明顯的教導——輪迴的危險，在我們這個時代開始警鈴大作，比過去任何時候都更刺耳時，他善巧與清晰明白的教導，如今已不可或缺。

懷著這樣的心思，我們爲您獻上《念住內觀》。

作者序

「念住內觀」通常稱為「內觀禪修」。本書中關於它的解釋，是依據上座部佛教（Theravadin Buddhist）傳統的經文與注釋書而說的。許多有利的狀況與各方的聯繫，促成了本書的出版。

必須要感謝許多人——翻譯者維威卡難陀（Venerable Sayādaw U Vivekānanda）比丘、編者、贊助者、義工們與「智慧出版社」（Wisdom Publications）的同仁們；還有參加了二○○三年五月，在美國麻州巴爾市內觀禪修協會的森林皈依所舉辦的禪修營的禪修者們、森林皈依所的工作人員與捐助者，以及有意透過「法」來淨化自心的本書所有的讀者們。

願所有讀者們，都能將書中內容付諸實踐，而從本書獲得利益。

班迪達尊者

班迪達森林禪修中心

（Paṇḍitārāma Hse-Main-Gon Forest Meditation Center）

勃固，緬甸

二〇〇六年，一月

【導言】

依循佛陀的「法與律」生活，才能獲得解脫

「法與律」能引領人走向快樂

佛陀明白，在生命中什麼是有益的或有害的，什麼能導致快樂或增強痛苦。他出於悲心，爲我們與一切眾生留下能增加快樂的教導與訓練。

這教導包括了「法」與「律」；「法」是關於生命存在的有益眞理，「律」則是戒律或訓練。如果沒有規則，眞理將依然抽象，只能討論而不能活用實踐。而如果沒有眞理作爲基礎與目標，規則將變得毫無意義。實際上，「法」與「律」相輔相成，它們引領我們走向快樂、幸福與眞正的滿足，只有依此而建立的生活方式才能去除痛苦。

我們如果想要完全脫離痛苦，並幫助他人也獲得解脫，就必須修習「法與律」。這意指

持續培養、增長與加強我們對於正道的體證，充分發揮它的潛能。任何人如果這麼做，都會變得更清淨、有教養、溫和、安詳與令人歡喜。這樣的人遲早會獲得「特別的洞見」——一種能夠斬斷並止息心理煩惱的解脫觀智，將眞正瞭解佛陀所說的快樂。

戒律是永斷煩惱的修行基礎

熟悉佛教名相的人應該都知道，「律」通常是指出家人的行爲規範，而佛教爲男、女出家人與在家人提供了不同的戒律。比丘受持二百二十七條戒，以增長善念，並支持他們的禪修。尼師可以受持八戒或十戒，❶而在家人通常持守五條根本戒，以免犯錯。

雖然男、女出家眾出離世俗的生活方式，或許有違一般世俗的想法，它也的確與世俗相反，但這是由佛陀所設計，爲了獲得眞正快樂並息滅個人痛苦最容易的方式。

不過，佛陀教導了身、語、意的全面修行，那是無論出家與否的任何人，都可以付諸實踐的。這條修行之道的目標，是完全而永久地去除一切折磨人的心理問題。道德規範即是其基礎，否則這分努力將無法成功；但是如果僅僅持守戒律本身，並不足以解脫心靈。

每個人都有「解脫」的可能

此外，如果未加入內在的心理規範，即使最根本的戒條也無法眞正長久地持守。因爲內在衝動一生起的當下，如果缺乏內在規範，那麼將會因難以忍受這種衝動而做出錯誤的行爲。

眞正的佛弟子懷著一種健全的「畏懼」——他們畏懼內在的煩惱，因爲他們瞭解內心裡這些毀滅性的習性是世上最危險的力量，甚至比任何地震或海嘯都要更加強大。眞正的佛弟子會體認到，無論何時只要被貪、瞋、癡所控制，他（她）對自己和他人都具有危險

❶緬甸佛教僧衆只有比丘、沙彌，並無比丘尼、沙彌尼、正學女（式叉摩那），但有一種近似沙彌尼的女衆，剃除頭髮，受持八戒或十戒。

性。

因此，眞正的佛弟子也會預先努力，不屈服於內在的煩惱，而是看透它們、控制它們、減少它們的影響力，最後一勞永逸地根除它們。

直到獲得完全解脫之前，每個人無論穿的是出家的僧袍或在家的服裝，都會一再地偏離「法與律」。當這種情形發生時，就必須謙卑地回到修行上——必須持續並加強努力，改善道德行爲，增強定力，以促進智慧的生起。如此眞誠地致力於修行，我們將能夠了知「解脫」（vimutti）的意義——解脫、釋放、內在的自由。我們每個人都有「解脫」的可能，那是隱藏在內心裡的美好。實現這個可能是我們生而爲人最大的價值展現。

比丘與尼師的傳統修行之道始終開放，並邀請那些想要出離世俗羈絆，且以特別方式實踐「法與律」的人們，無論他們是來自什麼種族、國籍或社會階層。然而，本書的讀者大部分會是在家人，我鼓勵你們，記住我在此所說的話。我會盡最大的努力來教導你們，希望你們也都能盡最大的努力來修行。那麼，我們的結緣就値得了。

1

修學概觀

佛陀對於如何培養有道德的行爲、專注一心，以及如何用內觀智慧來洞察明鑑，給予了很清楚的教導。這些教導統稱爲「三學」，巴利語稱爲「sīla sikkhā」（戒學——道德戒律的修學）、「samādhi sikkhā」（定學——專注的修學）與「paññā sikkhā」（慧學——智慧的修學）。這「三學」即是「法與律」的意義。「法與律」的意義並非只在字面上，隨著個人對它的實踐、體驗，以及應用於生活中的程度，它的意義也會有不同程度的展現。

「學」一詞意指訓練自己，以生起某種特質。如果我們致力於遵循佛陀的教導，成果將會自然地且如所預期地生起。這是確定的。

除了「三學」的教導之外，佛陀與其他論師也詳細說明了「法與律」的益處，以及不修行「法與律」的害處。這些說明幫助我們瞭解修學，並熱切地想要修學教法，改掉未經訓練且不善的心的習性。

檢視戒條

爲了要瞭解這三學如何運作，讓我們檢視爲在家人制定的第一條戒——不殺生戒。佛陀告誡我們，要避免摧殘與殺害任何生命，即使是和我們比起來微不足道的小生物也是如此。

例如，會叮咬我們的蚊子、螞蟻或跳蚤。由於身體上感覺不舒服，於是心中就立即生起了瞋恨或惡意。如果我們缺乏耐心與寬容，必定會還以顏色，讓這蟲子遭受災難。佛教的修行目的在於，讓我們不僅對缺乏悲憫心與自制力不贊同，也對它的後果生起反感。如果我們對於戒律的修行，以及對破戒的後果警覺敏感，就會很小心地避免任何粗暴的行爲。

身爲修行人，克制自己而不打死蚊子的利益，就是戰勝自己內在的敵人——憤怒與惡意。贏得這個勝利，讓我們獲得一種「無怨敵」的最初形式。「無怨敵」就相當於無條件或無限量的友愛——「慈」，下面我們會看到詳細的說明。克服瞋恨，我們便成爲一切眾生的保護者與朋友，包括蚊子與我們自己。因爲，懷著一顆充滿自制與悲憫的心，要比糾結於瞋恨與報復的心更容易生活。而殺生的有害後果，並不只限於受害者而已；縱容破壞性的衝動，也會撕裂加害者的心。

某些註釋書列舉了不道德的更多害處，其中列出了四種危險。

第一，如果做了有害的行爲，除非我們心理不正常，否則就會受到懊悔、自我批判與自責的折磨。

第二，我們可能冒著失去他人的稱讚與認可，尤其是無法被那些我們看重的具有智慧、仁慈與正直者所接納。經典稱此爲「被智者譴責」。

第三，如果不當行爲違反了法律，我們還可能面臨羞辱、罰款與世俗當局的處罰所帶來的不便。

第四，我們的不善行爲，可能導致未來將遭受危難，甚至投生「惡道」❶的後果。

（在佛教教理中，「惡道」意指某種生存的狀態，生在其中者的心理狀態是粗暴、倔強、糾結與痛苦的。一般而言，如此是不可能修行的。依據佛教的宇宙觀，殺生者會轉生成地獄、餓鬼或畜生道的眾生；或者較不嚴重而轉生成人的話，他的一生也會極度艱困。）

不論現在與未來，只要我們內在的敵人尚未平定，就會面臨許多煩惱。我們會有許多仇敵，會面臨各式各樣的危難，而且這些都會繁衍增長。

世間的守護者——「慚」與「愧」

這聽起來或許令人驚訝，但佛法鼓勵羞慚、害怕與畏懼——至少對於錯事要如此。道德上的羞恥感稱爲「慚」（hiri），它的特質是對於心理與語言上的錯誤行爲感到厭惡或痛

❶惡道（apāya）：未解脫的生命在「六道」（天、人、阿修羅、地獄、餓鬼、畜生）中輪迴，前三者屬於「善道」，後三者屬於「惡道」。

恨。道德上的害怕或畏懼，則稱爲「愧」（ottappa），它讓人不敢從事任何可能的惡行，也會自我約束並守護自己。這些良心的責備顯然是互相關聯的，它們被認爲是一種良善且有益的敏感。事實上，「慚」與「愧」被讚譽爲「世間的兩大守護者」。

但是，佛法並非要我們在內疚、自責、絕望與憂慮之中反覆煎熬。這樣是無益的，而且也會形成對於自己的瞋恨。自我瞋恨並不比任何形式的瞋恨要好，而且沉溺其中也毫無意義。但是道德上的「慚」與「愧」，其特徵是一種辨別力與決定力。對於自己的有害行爲感到不安，但也不會將此不安擴大到高聳如山，同時也不會加以隱瞞或合理化而扭曲它們的本質。那就如酒鬼一般，宣稱只是啜飲一小口以幫助放鬆，然後便一口接一口，直到醉倒在地爲止。

要戰勝內心的毀滅力量，唯一的辦法就是瞭解它們，並且下決心遵照這種理解來生活，確實做好該做的事，以免又再重蹈覆轍。切記！這些煩惱並不是個人的，它們只是僞裝成如此而已。如果我們可以公正持平地看待，不認爲它們是「我」造作的，或「我」來承受的，或屬於「我的」，但承認自己很容易受其影響，如此我們就能好好地對它們保持警覺了。

反之，如果我們不認爲惡行或低劣的心態有什麼害處，當然就不會小心避免，甚至還會毫不羞慚地沉溺其中。經典中稱這種行爲是「無慚」與「無愧」。請注意！這種無所畏懼並不是解脫慧所帶來的「無畏」，那是完全不同的。具有「解脫」，就有可能不會畏懼死亡或痛苦的感受，但這和道德上的「無慚」與「無愧」是很不同的。當我們未注意到身心的過失，其本質是可厭甚至是恐怖的時候，「無慚」與「無愧」就存在。那時，我們的心靈與心理都是僵硬、冷漠與魯莽的，會衝動而任性地爲所欲爲，毫無顧忌地傷害自己與他人。

缺乏道德感會「燒焦」我們的心，並因而使其變黑。就如大熱天穿著暗色衣服會吸熱一般，遭到「無慚」與「無愧」燒焦的心，會吸收惡意。當我們內在的敵人——憤怒——的熱度升高時，我們卻看不見它的危險。我們接納憤怒，甚至加以合理化或責怪他人來支持它，於是憤怒就更強烈了。除非已經破除了這種傾向，否則我們的怒氣遲早會爆發，而顯現為惡毒的言語或滿懷恨意的行為。我們將會製造混亂不安，騷擾自己與周遭環境，就如暴徒恐嚇、傷害或甚至殺死周圍的人。而我們的道德已淪喪，守護世間的「慚」與「愧」也都已遭到摧毀了。

如果我們學會不吸納煩惱，而是看出它的危險，就會有很強烈地想要用「心」來控制自己的行為，也會想要克制內心的狂亂。如果能驅散內在的煩惱熱，心就會增長光明、輕盈與清涼。而散發著美德之光的我們，也會守護我們的世間。

悲——對他人的痛苦感同身受

「守護世間」意即保護他人如同保護自己一般。「悲」是對他人的痛苦感同身受的能力，它就隱含在道德訓練中。

佛陀說了這首偈頌：

一切皆畏杖，
一切皆懼亡。
推己及他人，
勿殺勿行杖。

佛陀喚起了同理心的法則，那是基於自身的經驗，因而能夠理解他人感受的一種能力。一切眾生都害怕危險與懲罰，都恐懼死亡；除非他們已經獲得兩個最高階段的解脫❷——「不還者」（anāgāmī，阿那含）或「阿羅漢」（arahant，完全解脫者）。除非到那時候，否則「一切」指的就是包括自己在內的所有人。

❷解脫道分為四個果位，依次為初果（須陀洹或入流）、二果（斯陀含或一來）、三果（阿那含或不還）與四果（阿羅漢）。其中證得阿那含果者，已完全斷除欲界的煩惱，不再生於欲界，必定於色界或無色界證得阿羅漢果。阿羅漢果是聖者的最高果位，證此果位者出離三界，獲得究竟的解脫。

所以，在誠實面對自己時，可能必須得承認，事實上自己經常會想要折磨或傷害他人。對我們大部分人而言，這些想望通常是幽微的，可能隱藏在想要贏過他人或指正他人錯誤的欲望之下。

通常，如果我們受到虧待，就也很難讓他人好過。我們可能覺得有必要對他人訴苦，讓他們爲我們所經歷的一切痛苦同感難過。粗顯的例子是，我們可能幻想對一些陌生人加以身體傷害，例如政客或其他國家的「敵人」，或甚至是自己國內的「敵人」。

有很多人就覺得，暴力罪犯應該被處決；而如果是認識、親近的某人給我們惹了麻煩，擋了我們的路，或用言語污衊我們的人格，那他就得小心了！我們不會祝願這種人得到安寧，比較可能的是，會希望他們先嚐到某些後果。如果他們似乎逍遙於所做的事之外，那我們可能會決定自行處理，例如漠視他們，即使這只是微不足道的吝嗇，但也可以滿足自己；或者我們會在背後說他們壞話。哎喲！各種可能幾乎沒完沒了。

當然我們絕不該容許這些事，更不該鼓勵有害的行爲，必須盡可能地阻止它。事實上，這就是此處著重的要點——不要增加傷害。要實現這一點，我們每個人在採取任何行動之前，都必須要瞭解自己的動機與衝動。

心很容易就會被憤怒、報復、自我合理化所欺騙，而淡化自己的錯誤，甚至投射到他人。心變得很狹小，偏向於報復，我們就會因而失去以悲憫與智慧解決事情的更寬廣視野。這種狹窄化是「煩惱」的作用，我們應該要如此地認知它。把煩惱納入我們的架構是錯誤的，我們不該把它們擁入懷中，加以養育，容許它們吃定我們的軟弱而日益增胖。

相反地，慚、愧、畏懼與厭惡才是面對這些心靈力量的正確立場。不需要同情瞋恨，也不需要沉溺在貪愛之中，把無明愚痴掃到地毯下掩藏起來是毫無意義的——無明不是恩典。

如果你能認出自己毀滅性的衝動，那會讓你獲得試驗佛陀教示的絕佳機會，方法是先藉由設身處地爲他人著想。要仔細地探詢，無論你對那個人有何規劃，你自己會接受嗎？你自己願意承受那個行爲嗎？如果不是的話，你的規劃就是不合理的，是一種侮辱，也是一種侵犯。你自己的狂野行爲，會讓你的心燃燒得更加熾烈，不但會摧毀環境，也可能傷害他人，那永遠都不值得。在面臨宣洩內在的不善法時，小心謹慎的態度是恰當的。

顯然地，當冷靜的頭腦與善法佔優勢時，每件事都會比較好。

「法與律」可淨化思想與行爲

不公正的統治者是嚴厲且專制的，他（她）既不公平，又使民不聊生。「法與律」則完全相反，是一種提升人民生活水準絕對可靠的方式。基於理性且完全合乎眞理的「法與律」，提升了個人的思想與行爲，而加以淨化、培養、改善、療癒與美化。

「法」意指「承載、支持、提升與拯救者」，它是會帶來快樂的一套指導方針；「律」則是由改善個人行爲的一些規範所組成。

修行「法與律」的人，會變得善於驅散所有不同程度的煩惱——從最低劣粗暴的行爲到最微細的心的扭曲。

「kilesa」（煩惱）一詞也可以譯爲「心的苦惱、擾動與折磨」。主要的「煩惱」是愚癡、貪愛與瞋恨，❸它們是殘酷且不公正的力量。當它們獲得主控權時，就會把人們拖下苦海。而「法與律」就是經過驗證有效的一套方法，能夠對治這些可怕的內在力量。

大多數的眾生都受到心理煩惱的折磨，所有人類共同問題的根源，幾乎都來自於它們。但是「法」能夠提升每一個人嗎？「律」的規範能夠抑止每一個人的粗暴與狂野嗎？唉！顯然不能。對於那些不實踐這些指導方針的人而言，什麼事也不會發生。每一個人都必須自己實際去踐行這條道路。

要圓滿「法與律」需要四個因素。首先，要學習正確的修行方法。其次，致力實踐修行。第三，自己獲得利益。最後，是享有並應用這些利益。例如，當佛陀建議我們不殺生並指出其利益時，我們修行的第一個部分，就是聽聞並理解這個教導。而第二個部分則是

❸貪、瞋、癡三毒是根本煩惱。

避免做出粗暴而不公正的行爲。藉由這樣的努力，內在的敵人就會平靜下來，而我們就不至於造成或導致傷害了，我們已經獲得這個利益。最後的結果則是，我們開始容易與人相處，別人也覺得我們易於親近——因爲我們變得更加友愛，也享有平靜、滿足與快樂的心境。

於教法中安住

透過戒除惡行——戒學，我們克服了「違犯煩惱」❹。這種煩惱的力量強大，足以驅使我們去做出種種可恥的身行與語行。當我們更進一步訓練自己的專注力——定學，就能控制那些糾纏於內心的「纏縛煩惱」（pariyuṭṭhāna kilesa，令人迷亂纏縛的煩惱）。最後，藉由內觀智慧——慧學，甚至連潛伏的煩惱也能根除。潛伏的煩惱包括深藏於無意識與前意識的習氣，導致我們以憤怒反應苦受，以貪愛反應樂受，以無明、愚癡或散亂來反應不苦不樂受。

我們透過克服層層的煩惱，而得以發現內在更深層的寂靜。藉由合乎道德的行爲，我們停止擾亂外在的環境，生活變得更祥和。而擁有一顆冷靜專注的心，讓我們體驗到前所未有的安詳與快樂。當我們訓練自己持續地於身、語、意保持正念時，就自然而然地養成了好習慣，其他人甚至可能以我們爲榜樣。

利益一步步地逐漸增加，這就稱爲「安住於法」。我們的生活變得簡單、和諧。而殊勝的內觀生起時，我們本身便可能成爲教法的自然展現。

墮落

相反地，當我們缺乏基本道德時，就墮落到佛陀教法之外了。即使我們自稱是「佛教

❹有三種不同程度的煩惱：違犯煩惱、纏縛煩惱、隨眠煩惱。違犯煩惱是使人造作身、語不善業的煩惱，可由持戒來防護。纏縛煩惱是心中有染污的念頭，造成內心的困擾，可由禪定來鎮伏。隨眠煩惱是心中最深層次的煩惱，潛伏在意識流中，只能藉由觀智斷除。

徒」，也只是徒具虛名而已。缺乏「戒」的支持，「定」與「慧」是無法成長的。而如果沒有完整的戒、定、慧三學，我們也不可能從煩惱的束縛中解脫。

「解脫」是修學「法與律」的目標與目的，它也整合在修行的各個階段中。例如，如果我們修習自我克制，不再無禮地回嘴，在那當下我們就從違犯煩惱解脫了。而如果我們修定，使心遠離纏擾，我們就從纏縛煩惱中解脫，同時也暫時壓制住潛伏的煩惱。而當我們到達涅槃時，就會開始根除潛伏的隨眠煩惱了。

相反地，如果我們不修行，就不會記得「解脫」的意義。它的意義不在於字面上，而是從內在苦惱解脫出來的體驗，不再被難以承受的心理狀態所役使，而結果就是，從產生困擾的或甚至上癮的行為模式中解脫。如果你認為這段描述太誇張，那麼或許你觀察自己還不夠仔細。

在任何一天，如果你好好地觀察自己一整天，觀察欲望與不悅的生起，以及諸如分心、不耐、幻想、沮喪與自我評斷的一連串心思，你就會開始瞭解到，一般的心是被一連串快速發動的心理狀態所掌控，而這些心態很大部分都是眞正令人難以忍受的，它們驅策你去做任何你自以爲可以擺脫它們的行爲。我們以爲這種處境是理所當然的，但是當我們內在生起了「解脫」，或內在自由的可能性時，我們就能徹底地瞭解，內在自由是一切狀態中最美的。

讓這些違犯煩惱、纏縛煩惱或隨眠煩惱掌控，而不做任何對抗，這稱爲「墮落」。此人不再受到「法與律」的提攜、提升和保護。他失去了獲得更大自由的機會。

佛陀在《增支部》（*Aṅguttara Nikāya*）的《墮落經》❺（*Papatita Sutta*）中，談到了「墮落」。這部經的標題「papatita」一詞是由強調冠詞「pa」與意指「墜落、跌落、滑倒」的「patita」所組成。因此「papatita」的跌落是嚴重、悲慘的。如果我們不修行，我們的墮落將會是災難性的，我們落入自己與他人的痛苦之中。

❺中譯本請見《增支部．四集》第一班達迦瑪品（《漢譯南傳大藏經》，增支部經典二，頁3）。

我們藉由皈依佛，聽聞教法，然後依教奉行，依據比較高的標準生活。但是我們必須要許下承諾，並持續努力，因爲只要還是未解脫的凡夫，就必定會一再地從「法與律」跌落出去。當這種狀況發生時，你也只能收拾好自己，站起來繼續努力。

當你達到這條正道的終點，獲得阿羅漢的果智時，就得到了完全的保護與安全。「解脫」是「法與律」的目標與意義，所以不要認爲那是不可能的。要盡你最大的努力，盡可能地修行。如果你未獲得阿羅漢果，那麼至少會在解脫道上品嚐三個較低的果位之一，成爲「入流者」（須陀洹，sotāpanna）、「一來者」（斯陀含，sakadāgāmī）或「不還者」（阿那含，anāgāmī）。每達到一個果位，就永斷某些煩惱，它們絕對不會再折磨你了。

以入流者來說，所有的煩惱都失去一些力道；他不但對於最糟糕的行爲模式免疫，也不會再假設自我或「我」是生命的眞正基礎。在現實中，我們就是被這個自我所蒙蔽，它誘騙我們不斷地累積痛苦。

四種護衛禪能保護心、增長快樂

內在與外在的危險

古代的大師們在開始修行時，通常都會先花一段時間好好地修習「四護衛禪」（caturārakkhā-bhāvanā）。「bhāvanā」意指「禪修」或「培養」；「catu」是「四」，而「ārakkhā」則是「保護」。這四種方法已被修習了超過兩千年，而它們對現代人也依然有效，一如對於古代的大師們。

這四種禪可以個別自修，也可以和團體共修。它們能夠支持並提升心，增長快樂，保護我們免於遭受內在與外在的危險。它們最重要的特質是保護作用，一如它們的名稱。在「念住內觀」禪修營期間，我們精進密集地禪修，那時每天修習護衛禪幾分鐘就夠了。而在日常生活中，則可以用短暫憶念它們的方式來修習，也可當作每天坐禪中的一部分。有些人則會專精地修習一種或幾種護衛禪。

到處都需要保護與安全，禪修中尤其如此，因爲在心的內在與外在可能會生起各種危險。外在的危險易於辨認，在佛教思想裡稱它們爲「遠的」，因爲它們是從個人身心之外生起。這些「遠」的危險是「人身怨敵」——顯現爲人身的怨敵。此外，我們也必須面對從自己內心生起的內在危險，巴利語稱其爲「煩惱怨敵」或「不善怨敵」。

阻止內在怨敵攻擊，即得守護

心理上的散亂與不善確實是危險的敵人，它們住於我們的內在，比任何事物都更親近。我們甚至經常宣稱它們是自己整體的一部分，看不清它們其實只是從內心生起的無自性的力量。貪、瞋、癡是三種根本煩惱，但是它們可以顯現出無數種形式。

經典中有一個煩惱列表，包括了十六種煩惱：㈠貪婪，我們可將此理解爲過度的自私，能導致偷盜、說謊或暴力奪取；㈡惡意；㈢忿（āghāta；憤怒）；㈣怨恨；㈤覆（蔑視）；㈥惱（專橫跋扈）；㈦嫉妒；㈧慳（猜忌的自私）；㈨誑（虛僞與欺騙）；㈩諂

（詐騙）；(十一)頑固；(十二)憤激（好勝）；(十三)我慢（自負）；(十四)過慢（傲慢無禮）；(十五)憍慢（虛榮）；(十六)散漫不用心——對於他人福祉毫不在乎。當然，即使不引經據典，我們現在也可以感受到令我們不安且會摧毀我們快樂的各種精神力量。

顯然，我們需要防禦外在與內在的敵人，但兩者之中，內在敵人是更可怕的。事實上我們所有的外在問題，幾乎全都是由內在敵人所引起。然而，無論多麼迫切需要，我們對於這些不善、醜陋與心的分散力量，還是很難找到眞正的防禦。

如果我們能夠阻止內在敵人的攻擊，就會獲得一種特別的安全形式，這稱爲「守護」（gutti）。「守護」意指讓我們免於貪、瞋行爲的擾亂。免於內在敵人的攻擊，我們就獲得安詳。根基穩固的安詳是眞正快樂的基礎。

四種護衛禪提供了某種程度的防禦與保護，但是唯有「念住內觀」才能永斷一切煩惱。直觀而非省思，是能夠完成這個目標的唯一方法。因此，雖然你應該修行並享受護衛禪，但也應該謹記獲得究竟安全與保護的可能性。

第一個護衛禪是「佛隨念」——憶念佛陀的功德，這是一種很具鼓勵性與啓發性的修行，它包括憶念、省思佛陀與其功德。第二個護衛禪是「慈心禪」——修習慈心，祝願他人獲得幸福與成功。第三個是「不淨觀」——思惟身體各部分的不淨或污穢。第四個是「死隨念」——思惟死亡，尤其是培養「死亡隨時可能發生」的一種敏銳覺知。

2

第一種護衛禪

佛隨念

「佛隨念」的精髓在於，體認到佛陀是一位覺悟者，我們應該要經常修習「佛隨念」。要踐行這個禪法，我們思惟佛陀本人或憶念他的功德。

據說佛陀具有無量的德行。修習「佛隨念」則要有系統地、一個一個地思惟這些德行。讓我們思惟他的全然清淨——阿羅漢果。

佛陀是全然清淨、無染的覺悟者

佛陀完全根除了貪、瞋、癡的煩惱。他完全不受這些力量所污染。一般而言，所謂「覺悟者」❶就是不受心理煩惱燒灼者，他是無染的、完全淨化的人。因此，「覺悟者」值得禮敬。

教導人獲得解脫的快樂

佛陀是個超凡入聖的人。全然清淨或許難以想像，但藉由修行「佛隨念」，我們開始去體會，完全淨化了貪、瞋、癡所指的意思。我們稍後會詳細描述愚癡的兩種基本形式，但可以把它們想做是限制與扭曲。

「清淨」並非是只有佛陀才知道的某種神祕特質。事實上，他的清淨如此強大有力，根本無法隱藏而不爲人知。那是顯然易見的，展現於完全清淨的身、語、意上。

人們見到他時，自然就發自內心地尊敬並讚歎他。佛陀從來不尋求認可，也不期望別人服從他。他的清淨，有一部分就在於除了教導人們如何變得眞正的快樂與自由之外，他對於使人成爲自己的學生並不感興趣。他在世時就有許多追隨者，而他的教導至今仍然存在，這全都是由於他的心清淨無染所致。

❶「buddha」譯為「覺悟者」，包括佛陀、辟支佛（paccheka Buddha，獨覺）、阿羅漢等聖者。「Buddha」譯為「佛陀」，指的是證得無上正等正覺（Sammā sambodhi，三藐三菩陀）的覺悟者，例如釋迦牟尼佛。

讓人生起不可動搖的信心

我們的禪修進展了多少，就培養出多少佛陀的德行。禪修並實踐佛陀所教的「法與律」，就會獲得某種程度類同於他的清淨，這是他教導大家的唯一目的。他的動機是純淨、無瑕與無私的。當我們開始體會到，他的心全然地解脫與清明時，就有助於我們信任佛陀的教導。修習「佛隨念」的人，對於佛教教法與文化會感到更虔誠、更尊敬，也更有信心。而這份信心就成爲我們禪修的動力。

如果禪修者持續修行「念住內觀」，並因而獲得四道智與四果智❷中的第一個果智（入流果）時，他（她）的信心將變得不可動搖。❸道智與果智即指品嚐到涅槃的法味，那本身就是全然的清淨以及免於煩惱的自由。有過這種體驗之後，就會自然地體認這種德行。他體悟到自己已經修行了佛陀所修行的，感覺到佛陀所感覺到的清淨，雖然淨化的程度比較淺。儘管如此，體驗過涅槃法味的人，將瞭解到佛陀的「法」是眞實的眞理。這份瞭解是透過親身體驗獲得的，任何人都無法奪走。

當信心增強時，他絕不會坐視佛陀的教導有任何衰微。相反地，他會想要竭盡所能地增長並持續佛陀的教導。這份想要增長的欲望，是「佛隨念」帶來的最基本利益。於內，他會在自身持續這個教法；於外，他也會嘗試護持教法。

「佛隨念」是要我們思惟特定的某個人——歷史上的佛陀——的德行。有些人不太想這麼做，那也無妨。他們可以轉而思惟「法」的德行，即所謂「法隨念」的修行。要增長「法隨念」這項修行，就要深入而頻繁地思惟「法」的德行。

修行者可以選擇思惟「法」的提升特質，「法」絕對不會導致禪修者或任何眾生（人或非人）向下墮落。

❷禪修者要斷除一切煩惱，必須次第經過道智與果智的階段，兩者各有四個階段——入流、一來、不還、阿羅漢。它們都以涅槃為所緣，道智的作用是永遠減弱或斷除諸煩惱，果智則是體驗相應的道智所帶來的解脫。

❸即具備證得入流果的四項必要條件——佛不壞淨、法不壞淨、僧不壞淨、戒不壞淨。

有人說「法」於初、中、後都是善的。「法於初是善」意指即使只聽聞了一點點教法，很多人就因而獲得了些許心的安詳。「法於中是善」意指的是在禪修期間，禪修者獲得「止樂」與「觀樂」。「法於後是善」意指它能斷除煩惱，獲得全然的安詳。

佛陀具足「明」與「悲」

利益他人，必須兼具明智與悲憫

佛陀的德行是不可勝數的。若要深入討論它們，就不可能還有時間修習「念住內觀」禪修了。此外，在內觀禪修營期間，每天只要修習一、兩分鐘的「佛隨念」，就足以發揮它的護衛功效了。然而，多說一些佛陀的德行還是好的，讓我們能領會「法與律」的根源──「明」（vijjā）與「悲」，也為日常的憶念奠定基礎。

首先，佛陀具有的一切特質都是完美的，他在各方面都完美無瑕，圓滿具足一切。而特別讓人感興趣的一項德行是「明行」（vijjā-caraṇa）。這個名詞涵蓋了兩個相輔相成的德行。「vijjā」譯爲「明」或「智」（knowledge），指的是從修行「法」而生起的一種特別的了知，與「慧」密切相關。而「行」（caraṇa）則是指基本的教導或行爲。思惟佛陀的悲憫、行止與教導，全都整合在一起，含攝於一個單字之內，是很美好而令人愉快的觀修法。

經典描述了十五種「行」，歸根結柢全都出於「悲」。在致力於利益他人時，必須兼具明智與悲憫。

三種「明」——宿命明、天眼明與漏盡明

在經典傳統上，「明」可以歸類爲三種或八種。在三種的類型中，第一種特別的了知是「宿住隨念」（宿命明）——回憶過去世的能力。這包括能夠看見過去曾經出生爲哪一種生命型態，例如人、畜生、地獄眾生與天人等；也包括能夠記起那些生生世世中曾發生

的細節。由於我們過去都曾經有過無數的前生，每一生又有無數的細節，因此這種形式的了知是很廣博的。

第二種特別的了知是「天眼明」。佛陀可以看見遠在他方的對象與事件，遠遠超過一般的肉眼視力可見的範圍。據說天人也擁有這種視力，但是佛陀的天眼遠超過一般天人的天眼。

第三種特別的了知是「漏盡明」，其字義就是「一切偏見都已滅除之智」或「無垢之智」。一般人透過感官所感知的一切，全都被心理煩惱篩揀過。他們的普遍狀態是生活在執著的迷霧裡，總是想要一件又一件的事物，而沉溺在貪求來世的泥淖之中。

雖然貪愛十分明顯可見而且到處滲透蔓延，但最根本的煩惱是「無明」。一般人完全沉溺在兩種形式的無明之中。第一種無明是單純的無知——我們對於這世界有限的、不完整的與膚淺的認識。而在此之上，人們也受苦於扭曲的了知；我們的瞭解經常是扭曲的、錯誤的且與實相的本質相反。這兩種形式的無明，無時無刻不與我們同在。

但是具有漏盡明時，心理煩惱的潮濕霧霾完全乾涸了。只剩下「明」，而它充分、完全的展現就是「一切知」。由於佛陀已經完全驅散了兩種形式的無明，他了知到一切可以被知道的。當「無明」被「明」取代時，理解與認知是全然完整的。沒有「無明」的心是覺悟者的心，清明而無可限量。

「行」的本質在於「悲」

佛陀在證悟時，已經圓滿成就了自己的覺醒。因此，他決定要奉獻他的德行以利益他人。他的教法可以總括爲一個字——「行」。就如前面所說，「行」的範疇有十五種。這包括了「戒」、「聞」（聽聞），以及世間與出世間的禪定（禪那）。而這十五類的「行」，歸根結柢都出於一個必要的本質——「悲」。

雖然佛陀已經不再受苦，但他以全然的同理心瞭解他人所受的苦。當他遇見有人受苦時，便心生悲憫而希望他人的苦得以終結，就如同他當初想從自己的痛苦解脫那般強烈。

在這方面，他視別人如同自己，沒有分別。他也瞭解，眾生缺乏安全可靠的庇護。因此在他覺悟後不久，便開始孜孜不倦地教導「法與律」，直到生命的最後一刻。

「明」讓他能看清什麼是有益的或有害的，什麼能導致眾生快樂或痛苦。「悲」則讓他將這種認知付諸實踐。他不斷地鼓勵人們選擇有益的，並拒絕有害的。由於擁有「明」，他的勸導都充滿意義。

沒有比他的教法更好的方法。要是佛陀能夠使他人立刻覺悟，不必要求他們盡個人的努力，那麼世界上早就已經沒有痛苦了。

佛陀能正確地辨別利益與傷害

身為覺悟者便具足「明行」（即「智」與「悲」）。如果「悲」不足，他就不會幫助眾生。而如果欠缺「智」，他就可能給出錯誤或膚淺的指導。只有悲智圓滿，佛陀的德行才是完全圓滿的。

歷史上的佛陀本人透過體證「法」（存在的實相），而獲得「明行」，而那也成爲他所教導的「法」。體驗「法」或體證「法」也是他「一切知智」的根源。要瞭解佛陀智慧本質的有效方法就是，聚焦在他辨別利益與傷害的能力上。他的辨別是全知的——他可看出什麼是好的，不僅是對此生而言是好的，對未來世也是如此；而且不僅對自己是好的，對一切眾生也是如此。正確無誤地辨別利益與傷害，就相當於「法」這個字了。

親見了「法」，他可以指出任何形式的惡行，以及它們未來的後果。惡行可以透過身體造作——身惡行；透過口語造作——語惡行；或透過心造作——意惡行，而每一種形式都無可避免地導致痛苦。佛陀不希望眾生由於他們自己的不善行爲而遭受危難，出於悲憫，他制定了「律」來對治身、語、意的不善行。雖然戒律有時看來不易遵行，但是佛陀的教導絕對不會導致磨難。「律」是基於「一切知智」的悲心展現，是快樂自在生活的可靠指引。

結合了「法」的明智與「律」的悲憫，我們得以完整地重新遇見佛陀的「明行」。

救度自己，救度他人

由「明行」而產生的利益是無可計量的。佛陀以漏盡明永斷一切心理煩惱，已經不再受苦。他具有一切知智，可以看到如何讓自己脫困的方法。然而，他獲得解脫智後，並未自私地獨享。懷著大悲心，他不辭辛勞地爲他人指出解脫之道。

然而，他如果不先救度自己，就無法救度任何其他人。這一點我們要謹記在心。

佛陀早在我們有歷史之前，就已經開始致力於圓滿他自己。在久遠劫以前，在上一個世界系統裡，❹他是一位名爲「善慧」的禪修隱士。善慧知道自己尚未解脫痛苦，而且自己的修行也未圓滿，也知道其他人並未解脫。懷著如此清楚的瞭解，他下定決心，要盡一切可能來救度自己與他人，這稱爲「自度度他」。這個強烈的決心，將他從凡夫轉化爲「菩薩」——未來佛。

在生死輪迴中流轉，意味著無法避免衰老、疾病與死亡，這三者並非只在生命終結時才出現，而是每一秒中都在發生著。換句話說，活著就必須承受許多苦。只有透過「跨越生死大海」的轉變，才能讓人從中解脫。善慧瞭解這一點，而他決心要培養所需的一切特質，不僅讓自己跨越生死大海到彼岸，也要幫助其他人跨越。

想到善慧的決心實在令人感恩敬佩。這讓我們體認到，他所付出的努力，以及他承擔這個任務的勇氣，有多麼地偉大！

《薩遮迦小經》❺（*Cūlasaccaka Sutta*）如此描述佛陀：「彼度者之世尊，爲度而說法」。這句話特別強調了事情在時間上的先後——他先救度了自己，然後再幫助他人。在他身爲善慧的那一生裡，雖然具有極大的勇氣、悲憫，並強烈地渴望解脫，也具有足夠的智慧體認到自己當時的能力尚不足以幫助他人，並且有足夠的悲憫，想要在未來幫助他

❹在燃燈佛時。

❺參見《中部．第四品雙大品．薩遮迦小經》（《漢譯南傳大藏經》，中部經典二，頁317）

人。即使這個目標的困難度看來超乎想像，而且遙不可及，但他在當時、當地就開始努力了。

光憑勇氣不足以教導「法」，要以悲憫與深奧的明智來教導「法」，這才是重點。

事實上，老師必須整合好幾種不同的特質於一身。無論是男是女，他們都必須值得尊重與敬愛——這種特質來自於他們本身的道德水準。他們也必須願意指正他人的錯誤，並接受他人對自己的批評。他們的談話一定要有深度，能夠討論「法」的深奧主題。而且他們也絕對不能欺凌弟子，或逼他們做一些不必要、不合理的努力。所有這些特質，都有許多含意，但我們無法在此詳細說明。①

有些人的觀點是，令他人解脫比自己解脫更重要。他們甚至認爲，解救與幫助他人的任務迫在眉睫，所以應該要延緩自己的解脫。對這些人而言，救度自己似乎是種自私的行爲，無法眞正或直接利益任何人。由於他們覺得，救度他人是更優先要做的事，因此，他們可能看輕那些想要先解脫自己的修行者。

幾年以前，當我與另一位宗教傳統的老師談話時，出現了這個問題。我問這位老師，救度自己與救度他人，何者更爲重要？他回答兩者同等重要，兩者都應該兼顧。我認爲這個回答很公允，但我又問這位老師：「如果你深陷在深及頸部的泥沼裡，而我也同樣深陷其中，請問我有可能把你拉出來嗎？」這位老師回答那是不可能的。於是，我反駁他，一個人只有在抵達了乾硬的地面後，他（她）才有能力救度他人。佛陀本人就是依循這樣的原則而教導的。

圓滿具足「明」與「智」之後，佛陀得以解脫他自己。而圓滿完成了教導——他的悲行或悲心，他得以救度他人。只有「悲」，並未賦予他任何救度人的能力；只有「悲」，無法辨別何者有益或有害。而從另一方面來說，只有「明」與「智」也無法令他人解脫；

①詳見《增支部》（*Aṅguttara Nikāya*）VII, 34。

只有「明」與「智」，此人將缺乏意願，既不關心也不想費事去救度他人。要救度他人，必須要有大悲心。這也是一個重點。

「悲」促使佛陀去教導任何必需的教法，「慧」則讓他無懼於這麼做的後果。

思惟智慧與大悲心之間的關係，令人歡喜；它們也是要在自身當中增長的，它們在一起可共同保護自己與他人。以佛陀爲例，他具足了「慧」，不會再沉溺於任何身、語、意的惡行中。如此，他再也不會做任何傷害自己的事；因此，別人也不會因爲他的行爲，而惹上任何麻煩。此外，他可以看見一個人的惡行，會給其他人帶來怎樣的各種痛苦。因此，這份悲心也加強了他去圓滿德行的動機。

「智」與「悲」相輔相成

讓我們舉第一條戒爲例，來詳加檢視「智」與「悲」的相互性。以巴利語來說是「Pāṇātipātā veramaṇī sikkhāpadaṃ, samādiyāmi」，意思是「我會戒愼遠離，並避免拷打、殺害與折磨其他生命」。

眞正發自內心持守這條戒的人，會覺得任何形式的折磨、虐待或殺害其他生命，本質上都是可厭與可怕的，這是「戒」的智慧面向。一個人出於「慚」與「愧」，亦即在道德上羞恥於錯誤行爲，也對之感到畏懼，因而發誓要控制自己的行爲。如此，他人也間接地受到保護。

同時，這條戒也暗示自己與他人是平等的。正如同自己不希望被傷害、折磨、謀殺，我們因而體認到，別人也不希望遭受這些對待。現在，自我控制是出於關心與考慮他人而生起，這是「戒」的悲憫面向，它也間接地保護了自己。這完整的運作在雙方面都十分有效。

什麼是「佛陀」？

我們禮敬佛陀，是因為他突出（visitha）的特質。但是，確切地說，什麼是「佛陀」呢？如果你曾經廣泛閱讀過佛教典籍，或許已經對「buddha」這個字頗有體會。不過，你還是會喜歡複習這個主題，也許甚至會有些新發現，因而加深你對教法的領會，而這又轉而支持你修行「法與律」。

「佛陀」並不是個名字。它是一個稱號，適用於任何一位完全覺悟者。我們這個世代歷史上的佛陀，出生在二千五百多年以前，現今尼泊爾南方，是一位名叫「悉達多」的王子。但是過去曾經有過，未來也會有無數位其他佛陀在宇宙中誕生。「正等正覺（全然覺悟）」、「成佛」的意思是從痛苦中完全解脫，並且擁有身為老師的圓滿特質。這包括了悲憫的動機，以及卓越群倫的智慧，其中有些已經在前面的章節中提到。

佛陀了知四聖諦，並願與人分享

成爲佛陀，最必要的是了知四聖諦，並且教導他人四聖諦；但還不止於此。四聖諦的定義涵蓋了苦、苦的起因、苦的療癒。❻這四種眞理，在一切時間、情境上都確實如是，沒有任何佛教教法不包含在四聖諦之內。如果一位佛陀完全了知四聖諦，那麼他就了知一切可能的佛法。此外，佛陀也擁有特別的「明」與「智」，包括「一切知智」。總和這兩者，就是說佛陀了知一切「法」——一切可被了知的事物，包括一切教法。

有人可能爲了自己而了知四聖諦，那非常殊勝，但單是如此並不能使他（她）成爲一位佛陀。只有當一個人圓滿而究竟地了知四聖諦，並且更進一步想要與一切衆生分享時，

❻四聖諦——苦諦、集諦、滅諦、道諦。「諦」是指「眞諦」、「眞相」、「眞理」。作者在此所說「苦的療癒」含括第三與第四聖諦——「苦滅」與「滅苦之道」。

才能被稱為「佛陀」。

當然，了知四聖諦並非只是具有依序背誦它們的能力而已。我們談的是一種親身體驗的了知——一種奧妙的解脫智慧。

對於四聖諦具有眞實智慧的人，稱為「聖者」。解脫的第一階段（或程度）是由入流者所證得，是心初次放下有為法並進入涅槃（寂滅智）時發生。在那一剎那，心的某些「結」❼永久地被根除。入流者斬斷了自我的邪見，以及所有會導致投生到惡道的粗重煩惱。

惡道的狀態是匱乏而不能利用的，那裡的狀況艱難到永遠不可能有自由，甚至連放鬆心情都不可能。入流者繼續修行，加深觀智後，便能成為一來者，然後是不還者或阿羅漢。每一個階段都鬆脫或斷除心某些特別的結縛，逐一斷除貪愛、瞋恨與與無明，直至證得阿羅漢果，心便從煩惱之苦完全解脫了。

此外，也有人是「獨覺」（辟支佛）❽，他們已經覺悟，但是並不為世人教導眞理。他們因為不教導，所以才被稱為「獨覺」。

佛陀遍知一切可被了知的事物

所有這些聖者對於真理的瞭解，都達到深奧廣博的程度，但是他們還不是佛陀。他們當中的一些人，所知僅限於四聖諦。他們了知苦諦、苦集起之諦、苦滅之諦，以及趨向苦滅之道諦。其他有些人則在了知四聖諦時，也發展出如「無礙解智」❾的勝智，讓他除了說法無礙之外，對於某些特殊事件的過去因與未來果也通達無礙。但是，唯有佛陀才了知四

---

❼結（samyojana；fetter）是指束縛人心的纏結，共有十種結。初果斷除三結（身見、戒禁取、疑），二果減弱貪、瞋，三果斷除貪、瞋，四果斷五上分結（色愛、無色愛、掉舉、慢、無明）。

❽「Paccekabuddha」譯為「獨覺」或「辟支佛」，字義是「靜默的佛」（silent buddha），因為他們保持靜默，不教導他人。

❾無礙解智（paṭisambhidā ñāṇa）有四種：法無礙解智、義無礙解智、辭無礙解智、辯無礙解智。

聖諦與一切其他相關的眞諦，他遍知一切可被了知的事物。佛果是至高無上的，那是最高的成就。

經典記載了歷史上佛陀的生平。我們對他的生平事蹟都很熟悉，但最重要的是，他透過努力修行與逐漸進展的禪修而成佛，就和我們每個人必須做的一樣。關於他的成佛，還有一件很重要的事是，他在某一世曾經許下誓願，要生生世世增長他的「波羅蜜」（pāramī）。而在誕生於我們這個世界之後，佛陀達到了最高層次的解脫——阿羅漢道果（阿羅漢的「道」〔magga〕與「果」〔phala〕）。與此同時，他也獲得了一切知智，以及其他各種殊勝的「智」與「明」，這是他修行波羅蜜的成果。「佛陀」這個稱號，是專門用來指稱了知一切教法與一切可知事物的人。而必須一提的是，大悲心則是他獲得這種成就的動機。

佛陀是「大覺者」

在世俗中，擁有巨額財富的人稱爲「百萬富翁」。在亞洲的某些地區，受過高等教育且具有高深學問的人，會被稱爲「大學者」（paṇḍita，音譯爲「班智達」或「班迪達」，英文採用了印度語的「pundit」）。在西方，他們可能是醫生、律師、教授或專家。類似這些世俗頭銜，可以是自稱的，也可以是他人授予的。有時是透過一場考試就取得了這些頭銜。

但是，「佛陀」的情況則完全不同。由於佛陀純淨的力量與動能，他獲得阿羅漢的道與果，同時也獲得了一切知智與其他各種神通智能。認同他的偉大覺悟，人們就開始尊稱他爲「大覺者」或「佛陀」。

「佛陀」的字義是「覺者」。這個稱號並非由他的父母、天人或任何權威人士所授予的，就只是對於他圓滿特質的一個簡單描述。

佛誕日憶念佛陀的功德

佛曆稱五月爲「衛塞」。衛塞的月圓日是各地佛教界都會慶祝的節日，通稱爲「佛誕日」[10]。這一天，是當年佛陀誕生到這個世界的日子，亦即悉達多王子的生日。多年以後，他的「菩提智」也是在衛塞的月圓日生起；他的生命結束而進入「大般涅槃」，也同樣是在這一天。

在久遠劫以前，也是在這個月圓日，隱士善慧發願要讓自己與一切其他眾生從苦中解脫。也是在同一天，前一位佛陀燃燈佛授記善慧將會成就，會有一位佛陀出現於世。這是十分明顯的巧合，我們可以再添上一件比較小的事，雖然經典中並未強調，但也很有意思。在佛陀覺悟後不久，他的父親淨飯王邀請他來訪。佛陀同意了，而他抵達迦毗羅衛國雙親家的日子，也是衛塞的月圓日——佛誕日。

全世界的佛教徒在這一天都會聚集在一起，並且憶念佛陀的德行。

佛陀的心靈傳記

善慧在發願要成就圓滿覺悟之後，成爲「菩薩」——未來將會成佛者。從那一天起，他便開始修行三「行」（cariyā）——三種菩薩行。這三種行是「世間利益行」（利益世間的修行）、「親族利益行」（利益親友與國人的修行）與「佛果利益行」（爲了成就佛果的修行）；「佛果利益行」是指增長波羅蜜與實際成就佛果。這三種行要從他發菩薩誓願開始，一直持續到覺悟證果爲止。他證悟之後，就不再需要修佛果利益行了，因爲佛果已經完成，他的修行就完全是爲了利益眾生與世間。

我們可以說，佛陀的心靈傳記有五章。他的故事，從善慧發願、立定志向的那一天開始，身爲「菩薩」，他歷經千生萬世地修習三行。這一大段很長的時間，是第一章的主要內容。

❿「Buddha Day」或稱「衛塞節」（Vesak Day）。

第二章則從他誕生於這個世間，成爲悉達多王子開始。王子成長的同時，仍然持續地修習三行。

當他離開皇家生活時，則開啓了第三章。悉達多成爲苦行者，歷經六年勤勉的心靈追尋，仍然懷抱著成佛的目標。在這一章的結尾，他體認到苦行的無益而放棄了苦行。他領悟到時時刻刻觀察實際經驗的必要性，這意思就是，他發現了「念住內觀」。

第四章從他在菩提樹下完成成佛所需的修行，並達到覺悟與遍知一切開始。這一章記錄了他四十五年間的教化與度化眾生。在這段期間，他仍然繼續修習前兩種行——世間利益行與親族利益行，持續利益世間與他的親友、族人。他以一切知智、大悲心與「教說智」來教導眾生。

第五章也是最後一章，就是佛陀生命的結束。他在臨終時告訴弟子們，在他去世後，當以「法與律」爲師。他告誡他們要修習世間利益行與親族利益行，同時也要勤修戒、定、慧三學，以利益自己。如果他們也發願要成佛，他並不禁止，但也不要求。弟子們必須尋求自己的解脫，並且不忘利益他人。他們除了自己修習「法與律」，還應該要教導「法與律」。

免於危險與死亡的真正庇護

眾生隨時都面臨危險，缺乏安寧。任何一天的報紙、收音機或電視新聞報導，都可證明這一點。

世界人口數已經攀升到了幾十億，有各式各樣的團體與族群，但是都得面對類似的問題與危險，然而卻束手無策。這些危險或恐懼有的來自疾病與「非人」——以人身形式存在的凶惡敵人，還有的來自於饑荒。由於這三種主要的恐懼，人們在身心上都遭受折磨，不得安寧。

最糟的危險是來自於「非人」，這些是已經失去或從未獲得完整人性的人。「非人」這個名稱部分形容了他們是什麼，但事實上他們通常比較像惡魔。「非人」指的是缺乏最基本道德（戒）的人，這種人的心靈尚未開發，也不夠健全。「非人」們缺乏智慧與理解，是無法管教的，且被扭曲的觀念所操控。

由於這些眾生的存在與他們所造成的擾亂，世界各地的領袖們都想要擊敗並控制他們，也保護我們其他人免受其害。領袖們可能覺得自己正努力救度他人從苦中解脫，然而絕大多數的領袖們都仍然是凡夫，都還會被煩惱打敗。他們也還抱持著各種邪見，包括相信有一個絕對堅實的自我存在，還有其他片面與偏頗的見解。

雖然受到這些侷限，但這些領袖們通常致力於促進他人的身心快樂。他們懷著一種深刻的正面意圖，而以之作爲工作的基礎，例如他們會想：「我爲了利益他人而工作。」但同時，他們卻只保衛特定某些人的快樂，而攻擊其他人。這些領袖也可能高傲自大，特別是有一種「過慢」（自負的傲慢），絲毫不察覺自己正在做什麼，他們開始將這種過慢奉爲最高準則。於是，與其說是服務其他眾生，他們其實是在服務頑固自私的自我，而也因此又淪落爲「非人」的狀態。

善慧體認到，不僅是自己，一切眾生也都會衰老、生病而終至死亡，因而大為驚駭。他想，必定有一條出路。雖然他大可自己逃脫這種困境，但他下定決心，要培養救度一切眾生的能力。

他在那一世放棄了涅槃之樂，之後歷經無數生生世世增長他的功德。在尚未成佛之前，他就和我們一樣只是個「人」。當在修行中遭遇困難時，思惟善慧可以給我們鼓勵啓發，是悲心給予他必要的勇氣與忍耐力。

「大悲」是未來佛增長「波羅蜜」的根本。當他最後獲得一切知智與菩提智時，淨除了心裡所有的煩惱（結縛與染污）。在往後的餘生裡，他爲了人與天人們的福祉、快樂而教導「法」。他不疲不倦地盡力幫助眾生。在一天二十四小時裡，他通常只休息兩、三小時，最多四小時。

能見法者，即見佛陀

「法」是平等的，且全然地悲天憫人

佛陀的「法與律」不同於一般的思想體系或政治系統，例如共產主義、社會主義、資本主義與其他哲學思想，它們是充滿煩惱的凡夫所發明，因此是有缺點的，是被貪、瞋、癡所污染的。相反地，佛陀的「法」則十分完整而且毫不偏頗，不但平衡、平等，而且全然地悲天憫人。所有修行「法與律」的眾生，無論是人、天人或居於無色界⓫的梵天，都依他們的努力與能力，而獲得相應的利益。

在佛陀的教法裡，沒有想要獲居上位的欲望；在教理裡，也沒有任何部分鼓勵讓別人居上位來掌控我們。每一位修行教法的人，都會從修行中獲得利益與快樂。

如果你選擇依循「法與律」，你就必定會完全地體驗它。你的行為將會修正而完善良好，你當然也會獲得所有的利益，包括解脫痛苦。當然，前提是你已經盡了必要的努力。

獲得「法與律」利益的四個準則

憶念佛陀與他的功德是美好而重要的，但是唯有見法，才是真正地親見佛陀。佛陀曾說：「凡見法者，即見我」。「佛隨念」的眞正意思是，隨行佛陀曾經走過的道路。只有修習「法與律」，才能圓滿佛陀的悲願。

爲了獲得「法與律」的利益，經典列出了下列四個準則：

一、親近善士（sappurisa-saṃseva）：親近一位知識廣博且能教導「法」的人。

二、聽聞正法（saddhamma savaṇa）：聽聞正確的教法。

⓫無色界是三界（欲界、色界、無色界）之一，住於該界的衆生沒有物質身體。欲界包括欲界天、人、畜生、地獄、餓鬼與阿修羅六道。欲界衆生具有不同程度的貪欲，色界衆生具有比較精細的物質身體。

三、如理作意（yoniso-manasikāra）：有智慧地觀照。意思是有智慧地把握生命的方向，並且在任何情境都保持正直的行爲。

四、法隨法行（dhammānudhamma paṭipatti）：好好地依照「法與律」修行。

目前有許多人並不熟悉佛教經典，也不會正確地實踐教法，他們將會偏離了正道。如果你審愼地完成這四個要求，你與「法與律」的相逢就值得了。而如果你不完成它們，那就要小心了，因爲你可能會白白浪費了一個絕佳機會——這整個人生。

禪修營的重要性

內在與外在的清淨

禪修引導我們獲得內觀智慧——慧眼，而得以瞭解佛陀所瞭解的，以及他想要教導我們的事。參加密集禪修營，既能促進最深入的禪修，也讓你獲得合格老師的指導。因此，禪修營支持了上述第一、第三與第四個準則。

在禪修營裡要比在日常生活中，更容易達到內在與外在的清淨。這兩種形式的清淨，對於任何想要增長內觀智慧的人來說，都是不可或缺的。「外在清淨」是指外在的潔淨——身體與環境的潔淨。適當的禪修營環境應該是簡單、乾淨與整齊的，參加者也必須洗澡，並正常地保持身體內在、外在的乾淨。

「靜默」是禪修營的另一個益處，它是淨化語業最究竟的形式，尤其有助於降低內心的混亂與躁動，這就是所謂的「內在清淨」了。然而，必須要透過正念，標記並觀察所有生起的所緣，更深入的內在清淨才得以生起。

在本書的後面幾章裡，我們會更詳細地談到內心的淨化。然而，基本上必須要強調的是，在禪修營的環境裡，要比在忙碌複雜的世俗生活中，更容易獲得持續的正念。如果你能夠抽出時間來參加禪修營，即是意味著你必須放棄別的（例如假期），你當然必須激勵自己選擇這麼做。而一旦你已經進入了密集禪修期間，拜託，拜託！請千萬不要散亂與怠惰，而白白浪費了這個機會。禪修營的時間是寶貴的，你永遠不知道究竟在何時或是否能夠再度回來！

禪修是現證涅槃的唯一方法

如果你修行得夠深入，你也許會現證涅槃——「法」的眞實智與四聖諦。禪修是能夠獲得這個體驗的唯一方法，再無其他方法。體證過涅槃的人，就是已實現智慧的人。在那之後，此人將會自然地希望別人也體驗到同樣的涅槃，那是一種眞正超出世間的寂靜與快樂。

當一個人親證「法」時，他（她）也獲得了眞正的「慈」——希望其他人也獲得相同利益的願望，他（她）也會悲憫他們的痛苦。已經證「法」的人，也總是會鼓勵他們的親友修行。以這種方式，他們自然地完成了兩種「行」——世間利益行與親族利益行。

試著以最崇高的方式——你自己的禪修，來禮敬佛陀。

3

第二種護衛禪

慈心禪

「慈」具有潤澤性與凝聚力

「慈」——護衛心遠離瞋恨與貪欲。在佛教界，有非常多人修習「慈」。「mettā」這個字簡單直譯為「友善」、「潤澤」或「黏合」；這是「慈」的本質。當「慈」顯現時，就會有友善與一種凝聚感——牢牢地連結在一起。

每當我們的心視其對象為「親愛之人」時，或想到任何一位個性隨和、親切可愛的人時，「慈」就會很容易、很自然地生起。而某人所具有的一些殊勝特質，也可以作為慈愛的對象。到後來，藉由刻意修習「慈心禪」，我們便能對一般人或甚至不可愛的人，也能生起慈愛，完全不減損我們祝願他們安好的能力。

將「慈」當作心理狀態來分析時，它是「無瞋」心所❶的一種形式。「慈」在沒有瞋恨時生起，事實上，它是恰恰對立於瞋恨的。「瞋」的本質是毀滅與破壞；而「慈」則與之相反，它在眾生之間建立支援、凝聚與幸福。「無瞋」是良善的意圖，而「瞋」則帶有一種不善的性質。

當我們想到一個討厭的人，或某人難以相處的某方面時，意識就會變得「乾燥」。而乾燥的東西，本質上都容易碎裂。乾燥的皮膚會龜裂，因而無法好好地保護身體；當瞋恨顯現時，就會碎裂並摧毀心。瞋恨也會燒毀它自己的支柱，它燒毀心與燒毀人，也給他人帶來傷害與毀滅。瞋恨的確是非常恐怖的。

「慈」則具有潤澤性與凝聚力，讓各種關係變得和諧愉快。

北方的冬天氣候嚴寒，會損傷身體，如果沒有保護，皮膚會乾燥，嘴唇會龜裂，會生起苦惱。人們必須要用護膚液、潤膚油、護唇膏來修復受傷的部位，並預防未來的問題，然後才能再度感到快樂。同樣地，而且更嚴重地，瞋恨也會使心受傷、乾涸與碎裂，幸福因而消失無蹤。而相反地，如果強力增長慈愛，就會感到受保護、快樂與安好。

❶心所（cetasik）是心相應法，與心同時生起的名法；五蘊中的受、想、行蘊即為心所法。

「慈」與「瞋」無法真正同時俱存。因此，發展其中一個，便意味著消除另外一個。

人類無法離群索居，獨自生活。我們都居住在社會網絡中，與家庭、朋友、親戚、同事們互相關連；我們也群聚在村莊、鄉鎮、城市、州縣與國家裡。在所有這些網絡中，與其他人互相來往，我們總是需要慈愛的。

兩片乾燥的材料，無法黏合在一起。而如果只將其中一片上膠，也不會產生強力的黏著。在黏合之前，這兩片材料都需要妥善地塗抹一番。如果每個人都在他們的關係中，好好地發揮慈愛，家庭與社會都會和諧地凝聚在一起。

當人們爭吵時，就會帶來不滿。如果爭論沒有解決，吵架的人很快就會分離，雙方都受苦。那些不認識「慈愛」價值的人，通常比較容易對彼此不滿，也比較容易決裂。這只能歸咎於一個原因，就是瞋恨本質上的破壞力，造成個人與其他人的不安，導致不滿以及最後分離或更糟的後果。

「慈」的特性、作用與顯現

在經典裡，「慈」是藉由它的「相」（特性）、「味」（作用）、「現起」（顯現）與「足處」（近因）來定義的。我們應該要瞭解這四個面向的定義。

「慈」的特性——希望他人獲得幸福

「慈」的特性是於希望他人獲得幸福與利益。以巴利語來說是「hitakāra-pavatti-lakkhaṇa」（利行轉相），這串長字是指心裡存在祝福，這是「慈」的特性。

祝福他人在各方面都安好、健康、快樂與成功。當這個特性出現時，此人自己也會感到心滿意足。但如果存在的是「瞋」，就得不到這個滿足感了。

「慈」的作用——對他人的善意行為

「慈」不能只停留在心理層面。它必須在慈愛的主導之下，表現爲甜美的語言與身行，這是「慈」的作用。在巴利語中是「**hitūpasaṃhāra-rasa**」（利集作用），是指意行透過語行與身行（對他人的善意行爲）來輔助與加強。

「慈」的顯現——無怨恨或去除惡意

當「慈」表現爲行動時，就會逐漸變強——強大到足以驅走任何可能存在的怨恨或敵意。總是對於他人或處境懷有怨恨與敵意的人們，通常在人生中會遭遇到許多問題；而沒有怨恨或敵意的人，則能擁有比較安詳、平和的人生。「無怨恨或去除惡意」（**āghāta vinaya paccupaṭṭhāna**，無害調伏現起），就是「慈」的顯現。

「慈」也能致力平息「瞋」。「瞋」這個毀滅者，是心內在的敵人，以「不善怨敵」或

「煩惱怨敵」的型態從內心生起。「瞋」與「慈」的角力，就如皮膚本具的油性與濕潤對抗冷冽的寒風一般。有時，皮膚天然的防禦力被打敗，需要外在的幫助。在日常生活裡也是如此，我們需要訓練自己，加強慈愛潤澤液的分泌，好讓它能在瞋恨出現並威脅要擊敗心時，保護我們。

「慈」的近因——發覺他人善良的特質

精確找到「慈」的近因是很重要的。「近因」是指讓慈愛生起的最快或最有效的方法，這指的是可以在他人或一群人身上看到可愛之處的能力。這些可愛之處，可以是他們透過身體行動、動人言詞或令人愉快的心態，所表現出的仁慈的樣子。我們可能注意到，有人用甜美、奇妙的方式，持續地幫助他人，或給予並分享他們所擁有的一切，或許他們一向正直，或舉止優雅、行爲高尚。當你變得愈來愈善於發覺他人的善良、親切與正面的特質時，慈愛就會愈來愈自動地生起。

訓練自己忽視他人或一群人可厭的一面，而重視他們可愛的一面，也是很重要的。這需要有智慧地去引導注意力。當「如理作意」（有智慧地觀照）出現時，你是用直接的方式去觀看。當它消失時，你就會站在負面立場，用偏頗和扭曲的方式看待他人與生活。要避免負面心態毒害人生，關鍵就在於，學習如何發現並著重在自己與他人的可愛之處和優點上。

如果行者無法在自己、他人或一群人身上找到任何可愛之處，那麼瞋恨的特質將會主宰他的感知。他在任何地方，都只會看到過錯與困難，而看不到其他。瞋恨接管心，使它變得乾燥、僵硬、緊張且艱難。結果是，他的身體行爲也會變得緊張且僵硬。在未經訓練的心裡，「瞋」經常打敗「慈」。

自私的愛與無私的愛

受到自我中心染污的慈愛是不善的

對於好人與那些原本就親近我們的人，我們很容易生起眞正的慈愛。然而，同時渴愛與對親愛之人生起的執著之愛也很容易生起。自私的執著通常僞裝成「慈」，由於渴愛具有欺騙的特質，我們必須要提防它，大多數人從未學會分辨它們的不同。

對於親愛之人生起的自私、貪著、執取的愛，也具有潤澤性與凝聚力，對於對象有一種依附與黏結感。一般人以爲這就是慈愛，並認爲執著的愛是一種良善的心理狀態。眞正的「慈」，在本質上是純淨而無執著的。所以，聖者阿羅漢的慈愛是「唯作」（kiriya）的，此字是指「不產生效力的」，心的清淨改變了愛的本質。

受到「貪愛執著」所主宰的愛，因爲受到自我中心的染污，應視爲是不善的。而不幸地，在家人、父女、母子、夫妻與親戚之間體驗到的愛，就不是百分之百眞正的慈愛。

以自我爲中心的愛，在事情按照我們自己的意願、信念與渴望發展時，是沒問題的。但只要人們的行動不再如我們所願，或有任何違反我們喜好的事情發生時，我們很快地就會失去耐心，變得不願意作出犧牲，遲早會情緒高漲，甚至失控爆發。眞正的慈愛並不是如此，「慈」具有一種「無量」的特質，不論何時，總是祝福他人幸福快樂；即使受到他人羞辱，也會忍耐、寬恕且願意犧牲讓步。

這時就是「悲」該出現了。「悲」與「慈」在「梵住」的禪法中互相關連，它給予我們力量與勇氣，而能以無私、不憤怒、不困惑的心態，去面對無可避免會出現在我們之間的爭議。因此，我們便不會再如「貪愛執著」般會加重、擴大整個問題，那通常會導致心的困惑與崩潰。

關於執著的「愛」，經典裡有另一個字「gehasita-pema」（家依止愛），意思是「對於自己的家與親人的愛」。這種愛是有條件限制的，它受到貪愛與執著的條件制約。阿難尊者擔任佛陀侍者許多年，對於佛陀有強烈的愛與執著。由於「家依止愛」，只要佛陀還活著，阿難尊者便無法完全洞見「法」。雖然他總是與世間至高的導師在一起，他仍然只是位入流者，無法從一切煩惱中完全解脫。只有在佛陀去世後，他才能斬斷這種愛，而證法成爲阿羅漢。

家庭裡的慈愛

在此，便出現了一個問題，在夫妻、父母與子女或其他親屬之間，究竟是否能生起眞正的「慈」？是的，它會生起的，雖然是斷斷續續的。在某些家庭裡，眞正的慈愛非常頻繁地生起，父母與子女彼此都善意相待，所以，他們經常是和諧一致的。雖然問題無可避免地會出現，但由於家人之間能夠互相體諒，便能解決一個個迎面而來的問題。他們長期保持聯繫，只因眞正的慈愛在彼此之間總是一再地生起。經典裡以下面的寓言，來說明慈愛的利益。

從前有頭母牛正在哺乳她的小牛。此時出現了一位獵人，並以箭射殺小牛。但出乎他意料之外，這支箭完全未傷到小牛，並且彈了回來。這頭小牛被牠的母親用愛保護住了。生而爲人，我們享有更高的層次，我們慈愛的能力要比一頭牛更高，至少應該如此。在這意義上，我們應該要努力實現生爲人類的眞正潛能。尤其如果我們看到強力發展「慈」的必要性，它就能增強到足以化解種種的麻煩與痛苦。

有些人說他們深愛著某人，以致無法忍受即使只有幾個小時的分離。當然，這種強烈的執著是不善的。如果慈愛比自我中心的愛強大時，這個人就能忍受一段時間的分離，允許愛人更加獨立而毫不減少摯愛之情。

近敵與遠敵

渴愛與對於自己親愛之人的執著之愛，被稱爲「慈」的「近敵」，因爲執取經常僞裝成眞正的慈愛。自私自利與慈愛間歇性地生起，看來似乎混雜在一起。而「瞋」則被稱爲「遠敵」，因爲它的本質與「慈」正好相反。當「瞋」出現時，「慈」通常就會遠離，這兩者很難混淆。

一般而言，人們如果致力於發展慈愛，經常是爲了自己的利益。同住的夫妻一般都希望彼此關係和諧，但是他們總是在心裡惦記著自己的利益。這種愛可以算是「貪愛執取之愛」，是一種希望獲得回報的愛。眞正的「慈」，並不帶有利益自己的欲望。

當瞋恨生起時，慈愛就會完全被封閉阻斷。而當自私的愛戀或貪愛潛進心裡時，我們的判斷就會混亂不明，反應也會受到扭曲。我們會不自覺地把自己放在第一優先，我們又再度遇上宿敵——不善怨敵與煩惱怨敵。瞋恨與貪愛是內心的染污，讓我們充滿痛苦與不淨。相反地，眞正充滿慈愛的心是清明的，滿懷著不受侷限的友善。此時，內心的煩惱就消逝無蹤了。

爲了說明「近敵」與「遠敵」的概念，讓我們舉拳擊賽爲例。有時拳擊手猛力揮拳，強勁攻擊；但有時則伺機突然從近處偷襲。強力揮擊明顯可見，也比較容易避開；但是近拳則難以防禦，拳擊手有可能會被擊倒，還不知道被什麼所打。同樣地，要避開瞋恨的強拳，遠比「貪愛執取之愛」或「家族之愛」的偷襲容易得多。侷限的愛僞裝成慈愛，很難正確地判斷出來。由於非常可能混淆，所以需要教育自己，清楚地認出自私之愛的本質。

探索「慈愛自己」的價值也是很好的。這無須費用，就可以實際體驗。你試著對他人微笑，可能也獲得微笑的回報。如果你好言問候他人，可能也會獲得甜美的回應。如果你爲迷途的人指路，或在火車、巴士上幫忙同行旅客抬行李，你很可能獲得一句衷心的感謝。你也很可能會有愉快的想法，例如「我盡了公民的義務」，你會生起一種愉快感與滿足感。

真正的「慈」只是為了他人的幸福

「法」可以說是快樂的指導原則，指引一切眾生獲得利益與幸福。如此，無論屬於什麼宗教信仰，任何人都可以修習「法」。你也可以說，「法」只是做人的最佳方式，但誰會拒絕援手呢？如果這伸出的援手，是眞正出於希望爲他人或群體帶來快樂，背後完全沒有隱藏自私的動機，那麼，很少有人會拒絕幫助的。

「慈」本質上就是利益他人的意欲。它完成了「法是互相關連」的這個面向。「慈」這個簡單基本的原則，每個人都能夠修習，也應該修習。

當我們遇見一位身陷困境的人時，自然會想方設法幫助他，這份動力從慈心自然地湧現，而我們的仁慈遲早也會獲得回應。我們曾經幫助過的人，會仁慈地對待我們，或仁慈也可能會出其不意地出現。這個世界如此迫切需要慈愛，它應該受個人或大眾的擁抱，將它當作一個基本的做人原則。

切記！「慈」的定義是，希望並致力於他人的幸福與快樂。雖然它對自己也有益，但要注意，在它的定義裡，完全沒有包括爲自己謀福利。「慈」必須完全沒有任何自我中心的色彩。我們必須從來都不計較：「所以，如果我幫了你，我會從中獲得什麼？」是的，「慈」本身就是令人愉悅且滿足的，它經常也會帶來非常稱心如意的果報。然而，眞正的「慈」只是單純地爲了他人的幸福。

「慈」被認爲是「善」（kusala）的。當它眞正無私時，就觸及了「波羅蜜」的領域。無私的慈愛，是邁向佛果的一步。

四梵住——慈、悲、喜、捨

「慈心禪」是第二種護衛禪。它也是另一組禪法「四梵住」或「四無量心」裡的第一個。這些禪法都與「慈」密切相關，可以說是擴展、加強與圓滿它。除了「慈」之外，梵住還包括了悲（悲憫）、喜（隨喜）、捨（平等心）。

任何免除他人痛苦的作爲，就稱爲「梵行」（崇高的修行）。於是，這些「梵住」也稱爲「梵行」。雖然是在禪修中，「慈、悲、喜、捨」在心裡被高度發展，但是它們的培養並不只侷限在心理層次上，一切梵行也必須在語行與身行上表現出來。「bhāvanā」（修）這個字是指「禪修」，但更廣泛的意思是「發展」或「培養」。

關於「慈」，我們已經談了許多必須知道的重點。我們也說過，每一個人都應該修習它。我們所說的絕大部分內容，都可以適用在其他「梵住」的修行上，下面我們會再簡短地說明。

悲——想要去除他人的痛苦

受苦的眾生有兩種。有些是因爲外在問題而受苦，例如生病、貧窮、疾病、悲傷或無所庇護。而其他則是牽涉到現在或過去的惡行，他們誤入歧途，因而墮落而且受苦。悲心應該擴及到這兩種受苦眾生。

身陷窘迫困境的人自然需要幫助，於是，及時伸出援手當然最令人滿意，而如果援助能被接受，那就更好。我們一定不要拒絕給予或接受援助，無論它是以身、語或意的任何一種形式出現。

如同「慈」的定義，巴利經典對於「悲」也給了四個面向的定義——它的特性或本質、作用、顯現與近因。「悲」具有想要去除他人痛苦的特性，如果受苦者的困難來自於外在，我們便嘗試從外在支援他們。如果他們的麻煩是自己造成的，我們便提供諮商，或試著導正他們。在這兩種情況下，我們都希望利益他人，幫助他（她）免於受苦。

「悲」會帶來某種形式的悲痛——「憐憫」或適當的心理悸動或顫慄。這種「憐憫」是不忍得知他人正在受苦，這是「悲」的作用。會有一種急迫感，想要積極地去做些什麼來改善痛苦的情況。「憐憫」與一般的哀傷或憂愁不同。在面對他人受苦時，憂愁也會生起，但那是另一種心理的不安，而且不具有建設性，也不適當。

「憂愁」是由於心裡的某些變化而引起的。當我們初次接觸到受苦的眾生時，我們體會到他們的苦，便立即希望他們免於受苦。然而，久而久之，這份純淨的悲心常常會轉變成某種微妙的憤怒或憎恨的形式，這就是「憂愁」的意思。如同經典的解釋，它會僞裝成「悲憫」。當人一再地面對受苦的眾生時，他遲早會希望能儘快地解決問題。這悲心看起來可能善良與眞實，然而事實上，心已經變得不快樂而希望逃離。這個人可能感到害怕、疲倦、無助，希望離開受苦的眾生。這並不是眞正的「悲」。

如果有一種嫌惡感，甚至破壞性的意圖出現，讓人想要離開受苦的眾生時，那是個提示，暗示目前並不適合有所作爲。模糊不清而扭曲的觀點很可能出現，瞋恨僞裝成悲憫，而我們已經被矇騙了。

智者在接觸到受苦的眾生時，通常也會感到「憐憫」，那是合宜的心理震動和顫慄但即使是智者的心，也有可能受到「不喜歡」的染污。我們都必須小心注意自己的心，以免破壞性的念頭誘使我們犯錯。

在印度阿薩姆邦的慶典節日裡，當地人會搜捕蝸牛，並把牠們丟入沸水中。根據民間信仰，由於蝸牛爬得太慢，牠們需要幫忙。所以，把它們丟到鍋子裡烹煮，好讓它們儘快地結束生命！現在，蝸牛便能夠重生爲比較敏捷的存在形式了。

這個「蝸牛節」聽來似乎怪誕，但我們可能也曾經如此「施恩」於人而有罪。人們常說「爲他上一課」，或去做那些「爲了你好」的事。在我們賦予自己權力，將不愉快的經驗加在別人身上之前，我們可能應該問問，自己是否樂意接受這樣的對待。任何形式的折磨都是殘酷的，我們必須本著不扭曲的生命觀，總是嘗試以建設性的動機來行動。

有許多原因能夠引生悲心，但是看見無助眾生在受苦，是最直接或立即的原因。我們不會背離痛苦，或嘗試責怪那些正在受苦人。我們一旦瞭解了他們痛苦的殘酷事實，這種認知就會引生自發的悲心。如果我們想要增長悲心，就要在面對他人痛苦時，刻意致力地變得更加敏感，更具理解力。當我們的判斷力提昇時，想要去除痛苦的渴望也會增強，而一切麻木不仁的感覺都會消失。我們會愈來愈不願意帶給任何人痛苦，一顆不害的心，就是「悲」的顯現。

一如修慈，修悲也以一種根本的與不可逆轉的方式進入生命。無論信仰什麼，所有人應該都很容易瞭解這點。世界上有這麼多痛苦，如果每個人都能修悲就太好了。這指的是悲憫的行為，悲憫的言語與悲憫的心意。

喜——欣喜他人的快樂

「隨喜」意指欣喜他人的快樂，毫不嫉妒，也沒有絲毫減損他們快樂的想法，它是個很殊勝的心所。當我們看見別人獲得財富或社會地位，或工作、事業成功，或擁有許多朋友、夥伴，或得到讚譽或好名聲時，我們都會感到喜悅。老實說，如果別人提供的是眞正的隨喜，有誰會拒絕呢？很顯然地，每個人都應該修習隨喜心！

正如「喜」值得讚歎一樣，它也相當稀有難得。通常人們在看見某人擁有大筆資產與財富時，會感到不太愉快。事實上，一般的反應是嫉妒與羨慕。嫉妒是「隨喜」的遠敵，隨喜的本質是建設性的，而嫉妒則是破壞性的，兩者正好相反。

當「慈」與「悲」都強大時，「喜」也會強大。「梵住」是彼此互相支持而建立的。要瞭解，「慈」的本質是友善——對於他人感到滿意。當慈愛出現時，也意味著無瞋，取而代之的，是一種無私地要協助他人獲得幸福與快樂的意欲。

充滿慈愛的人也是有耐心的，能夠原諒別人的錯誤，也願意爲了別人的利益而犧性。每當有人遭受痛苦時，這也會自然逐漸地發展成對他人生起悲憫之情。「悲」涉及兩方面，一方面是對於他人深刻的同情，另一方面是不會殘酷地對待他人。所以，一位既「慈」且「悲」的人，對於其他成功、富有、地位崇高與幸運的人，會感到由衷的喜悅。絕對不會有殘酷之心，或生起想要暗中破壞他人快樂的想法。

「無私」是「慈、悲、喜」的核心。當人具有純淨的「慈」與「悲」時，就會眞心誠意地隨喜他人的成功。但是如果這些感覺並不十分眞誠，那麼，此人就只是假裝爲他人的成功感到快樂。事實上，他感到嫉妒、不舒服。要覺察這種僞裝——虛假的微笑、虛假的祝賀言語僞裝成眞正的隨喜。

「喜」的特性是希望支持他人的成功。此人不會嫉妒，看到他人的成就，並不會懷有惡意或破壞的意圖。具有「喜」時，心是清明的，明亮、清淨、開放的心是它的顯現。即使是此人的對手或仇敵獲得成功，他的內心依然感到非常滿足。

「喜」的近因是認出並慶賀他人成功的能力。當隨喜心增長時，此人會希望他人在各方面都能實現理想，而且在思惟他人的富足與資產時，也會感到滿足。

要注意的是，「喜」並未暗示必須要減低自己在地位、資產與財富上的享受。看見他人享有高成就是很棒的事，就像想到自己的好運般感到滿足。數算別人的朋友、追隨者與弟子，會帶來深刻的喜悅；想到自己的朋友、追隨者與弟子時，也是如此。看見他人或自己的美德，以及他人或自己的財產，都會生起相同的滿足感。

相反地，如果沒有隨喜心，就難以忍受他人的成功。嫉妒污染了心，心裡可能生起嫉妒的計謀，那是一種「非如理作意」（不良意圖）。如果發生這樣的情況，就必須刻意地應用「喜」的近因，試著品味他人的滿足感。

每個人都應該支持這種清明與純淨。同時，不要接受虛僞的隨喜也很重要，那些虛僞的假笑與恭維，其實是出於嫉妒心。當人無法對他人的成就或財富感到快樂時，就可能出現虛假的「喜」，它並非出於眞正希望支持他人的快樂。

如果「慈」、「悲」與「喜」尚未眞正生起，就應該盡力鼓勵它們生起。當它們已經出現時，就應該加強與增長它們。如果它們實在很少出現，就應該修習，讓它們能頻繁地生起。

捨——平等地看待一切衆生

當「慈」混雜著「貪欲」時，待人時就會變得偏頗不公正。就如我們先前所見，這種混雜的愛僞裝成善心。同樣地，如果對他人的關心失去平衡，純淨的悲心終究會摻入憂傷與憎惡。但若毫無偏見，平等地看待一切眾生時，此人便會充滿善願，而且依然無憂。這是第四個也是最後一個梵行——平等心，「捨」的狀態。

「捨」的特性或本質是對一切眾生平等地看待；它的作用是一種不偏頗的公正；顯現爲既無惡意也無執著之愛的心態，它是一種完美的平衡狀態。「平等心」是不偏不倚的中性之法，是一種良善的心理狀態。

「平等心」有許多種「因」，但其近因是瞭解眾生正在經歷他們自己過去所作「業」

的果。幸運當頭且福星高照的人，在過去曾經做過許多善事；而遭遇許多麻煩問題的人，過去曾經做過不善的行爲。我們應該培養這種平衡而公正的見解。

所有的人都生活在社群團體中，無論我們承認與否，我們對他人都負有義務。每當我們加入一個社群活動時，就需要慈愛；當別人有麻煩時，我們生起悲憫；當別人成功且富有時，我們應該以隨喜心支持他們。然而，有時這些心態都不適用。

此外，我們已經看過，每一種梵行都有轉變成不善狀態的傾向。「慈」混雜了自我中心的貪欲，「悲」混雜了憎惡與恐懼，「喜」則凍結在虛假的眞誠中。

我們需要找到一個支點——某種可完全斷除失衡傾向的善心所，那個心所就是「捨」。每當「慈」、「悲」與「喜」變得不適用時，就應該修習「捨」。它也是這組梵行修法裡的一個總結心所，因爲它在自我與他人之間展現了同等的平衡，這是其他三種修行的核心。

爲了闡釋這四種梵住，我們舉一位母親與四個小孩（一個嬰兒與另外三位依序較年長孩子）為例。這位母親希望嬰兒長大，並且健康、強壯與快樂。她對嬰兒的願望與「慈」相應。現在，假設第二小的孩子體弱多病，這位母親會希望他的病情好轉，恢復健康，這是「悲」。下一個孩子是個已經快要成年的女孩，她身體健康，遵從父母的教導，在社會上表現良好。這位母親看著她成長感到快樂，也為她的成功高興。這是「喜」。現在說到最年長的孩子，他已經長大成人，早已脫離嬰幼時期，且沒有特別的困難或疾病。他已經獨立自主，不再需要母親的幫助與保護。母親已經不再需要用「慈」、「悲」或「喜」來支援他，也無須擔心他的幸福，因為無論發生什麼事，他都能照顧自己。這是「捨」的成熟心態。

在體認到每個人都必須面對他（她）自己的境遇時，會有一種釋然的感覺。一個人已經盡力而為，就如母親曾經付出最大的努力來扶養長子一般，如今他既然已經長大成人，就不適合再去干涉他的事了。

即使有人並非明顯地能夠自給自足，但有時實在也無法多做些什麼。那時，「捨」就是適宜的態度。但重要的是，要注意善意不能有絲毫的減少。假設有人犯了罪，在他被判刑之前，我們盡可能地給予他「慈」與「悲」，但是一旦宣判時，便是「捨」的時機了。我們無法再為這位受刑者多做些什麼，但也不該繼續譴責他。我們可以思惟：「他必須為自己所犯的罪行承受苦果，他正在償還債務給這個社會。我們希望他能從這個處境學到教訓，在獄中也不會遭遇太多問題，在未來轉變成對社會有貢獻的一分子。」

有人即使在今生並未犯過任何明顯的錯誤，他（她）仍然可能為過去生所犯的過錯而受苦。在巴利語中，這個教法稱為「自業正見」，意思是「業」是自己的遺產。每個人遲早都要承受自己過去所作一切行為（無論是什麼）的後果。思惟此點是修習「捨」的一部分，它會帶來平衡的觀點。

虛假的平等心也同樣存在，有些人到處宣揚他們在任何時刻、任何地方、任何處境下，都擁有「平等心」或心的平衡。如果你仔細觀察，他們通常顯得冷淡或漠不關心。他們既不想為自己的不善行為感到難過，也不真正熱心行善。生而為人，我們必須持續激勵自己向善，並且持續警覺自己眞正的動機。

以身、語、意從事慈愛的行爲

修習慈心的方法與其他「梵行」的修法幾乎相同。我們會先說明「慈心禪」，以它作爲基本範例，然後再簡短地說明「護衛禪」的主題。

「慈心禪」的基本方法很簡單，就是刻意地生起希望他人幸福快樂的願望。體認到自己希望快樂的同時，並體認到其他人也有同樣的感覺。一種想要幫助他人的意欲生起，於是他便出動並盡力幫助他人。助人的行爲是「慈」的一種形式，稱爲「身業慈」——以身體從事的友善行爲。眞正的慈愛包括了「身業慈」與另外兩種：「語業慈」（慈愛的語行）與「意業慈」（友善的意行）。

語業慈——練習善巧的言詞

言詞友善、誦經、給予善意的勸導，或僅只是以友善與有益的方式說話，全都是「語業慈」的表現方式。

針對「語善行」（言詞善巧）的教導指出，要能夠言詞善巧，說話必須發自於慈心。因此，練習善巧的言詞是「語業慈」。

第一種善巧的言詞是眞實的話語。一個人希望誠實地告知他人訊息，好讓他（她）能有正確的瞭解與知識，這是一種良善、仁慈的動機。「誠實」是慈愛的一種表現方式。

第二種，說話時選擇採用凝聚性、和合而非離間性的詞語。不僅動機是出於慈愛，說出這種話語也是慈愛的進一步展現。

第三種，我們選擇採用甜美動聽的言詞，而非粗魯、嚴厲的話語。我們希望，人們聽我們說話時感到快樂。同時，我們也避免虛僞與諂媚，那含有不誠實的成分。

第四種「語業慈」，是說有意義且必要的話。我們不希望浪費別人的時間，提供的是有價値的資訊與理解。

修習語善行的人，會很容易找到朋友與援助。他們如果成爲領導者，必須要避免突然放棄語善行的原則。如果領導者不對公眾說謊，以建立信任與友善的方式說話，避免說粗暴或威脅的話，並且說話簡潔有力且具意義，他們就會獲得信賴與尊敬。

無論是在家庭、企業、社群或政府等各個機構與團體裡，「語善行」都很重要。在宗教圈內尤其是關鍵，因爲語善行是基於「慈思」（慈愛的動機）。當人們感受到宗教人士慈愛的動機時，就會信仰虔誠；但如果欠缺仁慈的動機，他們就不想再聽任何話了。一位宗教領導人一旦縱容自己說錯話或刻意欺騙時，就開始走上了毀滅之路。在領導者的謊言還未被拆穿前，可能還保有一批追隨者，但是一旦眞相揭露，他們就會被公眾唾棄。

喜歡說閒話並散播小道消息的人，通常自稱只是想要表現友善並助人，但這是不眞實的。同樣地，粗暴、低俗的語言與無聊而且浪費時間的閒聊，也顯示出缺乏慈愛。一般而言，「語惡行」（惡意的言詞）會使人們遠離；會吸引人們的是眞實、有意義、和合與友善的言詞。

「語善行」與「語業慈」都是慈愛的語言行爲，對每個人都有益。我們愈修習，就會獲得愈多的力量，來凝聚大家形成一個互相尊重、互相幫助的群體。不過，仁慈的動機必須是眞實的。

意業慈——以心從事的慈愛行為

「慈」的第三種，也是最後一種形式就是「意業慈」——以心從事的慈愛行爲。本質上，這指的是希望他人幸福與快樂。我們可以在任何時候、任何姿勢中，都散發「意業慈」。它可以是隨機自然湧現的希望，或是刻意重複的祈願句，例如「願她（他、他們）快樂」。

默默地在心裡複誦祈願句，是「慈心禪」的正式修行方式，可以增長慈愛到一種殊勝的層次。我們會在下面詳細地說明。

生起善心所，防護內在與外在

「慈心禪」有兩種可能的目標。它可以用來獲得禪那或定力，那是非常專注的狀態；或也可用來作為護衛禪，導向脫離危險與敵意。

增長禪定的方法有許多精妙的要點，我們在此不會涉及，因為我們強調的是，藉由「念住內觀」來增長觀智。修習「內觀」時，會生起足夠的「剎那定」，可以成就「八聖道」，並導向煩惱的解脫。

「慈心禪」的護衛作用是非常有益的。根據佛陀的例子，它會產生善心所，防護著內在、外在的危險與擾亂，並增長「波羅蜜」。

怨敵存在著，恐懼也存在著。這兩者互相關連，因為如果我們還有怨敵，就會感到危險與恐懼。我們已經分辨過外在怨敵——人身怨敵，以及內在的怨敵——不善怨敵與煩惱怨敵。相對而言，我們很少遇見外在怨敵，但內在怨敵卻日夜不斷地攻擊我們，除非我們以禪修來保護自己。

「瞋」與「貪」同樣是內在的怨敵，而且經常僞裝成慈愛，當兩者在意識流中生起時，就會擾亂它。它們也有可能爲自己與他人帶來災難，如果縱容瞋恨或沉溺其中，它就會增強爲憎恨；貪愛也可能壯大轉變爲破壞性的激情。每當出現破壞性的心態時，心就會變得粗暴、殘酷、狂野、沉重、封閉、厭惡且可怕。相反地，充滿了慈愛的心則是安詳、可愛、輕盈與開放的。

如何修習「慈心禪」？

第一個祈願——願他（她）沒有怨敵

要免於瞋恨與貪愛，就是「無怨敵」。在「慈心禪」正式的修行裡，這個美好的狀態是我們對他人所產生的第一個祝願——「願他（她）沒有怨敵」，我們對自己這麼說，並且想著內在與外在兩種怨敵。（只要保持了祝願的本質意義，在言詞上稍作修改是可以的。例如，你可能採用「願他（她）沒有危險」或「願他（她）沒有怨敵、危險與恐懼」等不同的句子。）

人們通常會問：「當我們對他人散發慈愛以修禪時，他們會變得安詳嗎？」這並不一定。但可以肯定的是，它會平息自己的內在怨敵——瞋恨與貪愛，而自己會變得安詳。

如果我們修習慈心，它必然就會生起。如果持續修行，我們的慈愛將會逐漸增強，強大到足以平定內在的怨敵——瞋恨與貪愛。一旦制伏這些怨敵，我們就不會再以憤怒或自我中心的方式回應別人。例如，對於遇見的人立刻做出負面判斷，或是對於家人感到嫉妒與猜疑。通常，如果人不散發慈愛，或是修行無力，就容易成爲瞋恨、貪婪與欲望等的俘虜。甚至可能違犯戒律，做出殺生、偷盜、妄語、邪淫或飲酒吸毒等行爲。

扭曲的心導致惡行，也會進一步導致更多危險。「慈心禪」保護我們免受內在怨敵的侵擾，也防止惡行帶來的危險。這些危險有：

一、自責怖畏（自我譴責的恐懼或危險），對於過去所做的事，感到羞恥與歉疚。

二、他責怖畏（被他人譴責的恐懼），恐懼失去善良正直人士的尊敬與支持，因爲仁慈、有道德的人通常會避開那些慣於沉溺在惡行裡的人。

三、刑罰怖畏（被主管機關懲罰的恐懼），如果有人殺人、偷盜、說謊、飲酒吸毒，並且經常不守法，那麼遲早會因觸犯世俗法律而受到主管機關的制裁。

四、惡趣的怖畏（投生於惡道的恐懼），就如吃了不適合的食物會造成胃痛般，在任何時候以染污的動機所作的行爲，都會帶來痛苦的後果。

一個要面對罪責、懲罰、折磨以及投生惡道的人，心中顯然是不可能快樂的。

「慈心禪」的複誦句式

希望「他人沒有怨敵與危險」的祝願，可以用簡短的句子來表達，這句子涵蓋了個人可能面臨的所有問題——內在與外在的怨敵、惡行與其未來所有的後果。如果這份祝願能夠成眞，我們所祝願的這個對象就會十分快樂與平靜。由於我們祝願他解脫內在怨敵，也是祝願他的心達到究竟解脫——完全的安詳與自在。

所以，我們在心裡複誦這個句子：「願此人沒有怨敵」，我們正在爲他們的快樂散發純淨的意念。雖然無法確定這會爲接受者帶來什麼成果，但在我們自己的心裡會生出極大的喜樂，並開始瞭解到沒有內在怨敵是什麼情況。

「慈心禪」給予力量，可以克服出於瞋恨的「心理瘋狂」（因忿而瘋），以通俗的話來說就是「盲目報復」。被這種心態所控制的人，會變得狂暴、失控，幾乎不知道自己在做什麼。藉由修習「慈心禪」，他的反射性回應變得溫和、低調，思想也比較不扭曲，也會比較仁慈。

具有強烈慈心的人，不再希望他人遭受不幸，而眞心希望別人快樂。他們可以忍受羞辱，能夠原諒並遺忘。他們放下怨恨，並能爲了其他人而犧牲自己的利益。這些智慧、仁慈、美好的特質之所以能夠生起，都是因爲心中不再有瞋恨。當慈愛愈來愈強時，心也會變得愈來愈美麗。一個慷慨、寬容與無私的人，通常也受到他人喜愛，他（她）比較不會有人身怨敵。如此，「慈心禪」的護衛特質，既向內也向外產生作用，它逐漸地調伏了心與行爲。當人們的小世界平靜下來時，外在周遭世界的安寧也會隨之生起。

「願他人沒有怨敵與危險」，是散發「慈」一個有效且目標明確的方式。這份祝願，以偈語的形式重複地散發。慈愛也可以在空間上散發，首先是對自己的家人，然後是隔壁鄰居，逐一漸進到整個村莊、城鎮、州縣、國家、世界與宇宙。

如果這份祝願是完全奉獻於他人的幸福與快樂，那麼，慈心已達到「慈波羅蜜」（mettā-pāramī）的程度，那是佛陀的圓滿慈愛。每次在散發慈心時，無論是對某個人或群體，他都是在保護自己，增長「慈波羅蜜」，獲得功德，並播下將來定會結果的、有益的善業種籽。藉由千百次散發慈心，他就保護了自己，並增長「慈波羅蜜」，且獲得千百次功德，這的確是值得高興的事。

每一秒鐘散發慈心一次，在一分鐘內就保護了自己，增長「慈波羅蜜」，並獲得功德六十次。散發慈心五分鐘，就增長「慈波羅蜜」，並獲得功德三百次。一小時就有三千六百次的護衛、波羅蜜與功德。

但是如果我們散發「願某某人幸福快樂」的偈語一千次，然後對那個人惡口相向，我們就不算具有眞正的慈愛。在心裡散發慈心之後，我們必須也在言語與身體行爲上展現慈愛。不論何時，當我們與他人來往時，必須懷有三種慈愛——意業慈、語業慈與身業慈。

這點一定要切記！

再者，經典上說在心裡散發慈心一剎那，也比在早、中、晚都烹煮一大鍋食物並供養他人，來得更加有益。《相應部》（*Saṁyutta Nikāya*）說得很清楚——即使僅用擠一下牛奶那麼短的時間散發慈心，也比一天三次供養大鍋米飯更好。他們說的不只是一大鍋米飯，而是早上三百大鍋，中午三百大鍋，晚上也三百大鍋米飯！這很清楚地指出了重點。

以利他的動機而成就「慈波羅蜜」

大多數人自視頗高，因此很容易就失去耐性。沒耐心是基於「我慢」（驕傲與自負）的一種憤怒形式。我慢的惡意使人失去耐心與人性，雖然從外表上看起來人模人樣，但是他的心與行爲卻像是個餓鬼。如果一個人在散發慈心之後，卻仍然易怒並缺乏耐心，那麼這個修行是表面的。這個跡象顯示，他需要加強修行。或許他會開始更慷慨一點，成功地提升到人的狀態，最後眞正變成一位卓越出眾的人。

生而爲人，就頗有潛力能完成社會責任，待人慷慨大方，並透過禪修而改進自己的心態。如果人能夠完全做到這些，他就不只是個人而已，也不只是個傑出的人，而是一個名符其實的眞正的人。這樣的人，與他人相處來往時，會令人感到快樂、清涼與安詳。

由於我們是朝著增長「波羅蜜」的方向在修習慈心，所以，最好深入地探究這個詞彙的意義。

「pāramī」（波羅蜜）譯爲圓滿，但它的意思是「成聖」或「聖者的事業」。當人從事布施的善行時，以及持守戒律時，尤其在修習「慈心禪」時，極爲重要的就是不涉及自私的動機。這是「聖」這個字的意義，它與社會階級無關，或者應該說，它表達了佛陀對於在人類事務中，什麼是珍貴者與可敬者的定義。

我們應該是完全爲了他人的利益而從事布施的行爲，唯有如此，它才堪稱是眞正的布施。這是顯而易見的，因爲自私與慷慨剛好相反。發願持戒也可以是利他（致力於他人的利益）的，因爲微細戒也包括體認到他人就如同自己一樣，值得善加對待。同樣地，我們在散發慈心時，也可以完全是爲了他人的幸福與快樂。

不論何時，每當我們布施、持戒或修習慈心時，在心態上就不應隱含自私。然而，布施、持戒與修習慈心的善行，並非必定趨向正法，唯有「念住內觀」證得的觀智，能給予人究竟的保證，保證他已經了知存在的眞理，並且將不會再受制於苦。我們已經談過，「無私」在修習慈心上的重要性。不過，修習慈心本身並不會導致對於八聖道的究竟瞭解，而使心從痛苦中解脫，或所謂的「佛法保證」。當想要修行正法以證得入流時，我們可能會被一股微妙的願望所激勵，那是想要在自身中即能體驗到解脫痛苦的願望。此時，懷有某種程度的自利是沒問題的，經典中說這種欲求是完全如法的。所以，在修行正法以達到入流時，人可能會努力修行，但願能夠從此免於邪見、疑與投生於惡道的危險。這種懷有成功的希望並非錯誤，也不會對他人造成傷害。我們在前面已經討論過，自己修習觀禪如何可以利益他人。

除此之外，在其他領域裡，應該要盡力避免自私自利，並轉而專注於利益他人。這是崇高的目標，從事如此神聖行爲的人，也可稱爲「波羅蜜」。值得被稱爲「波羅蜜」的人，他們的行動是出於眞正的慈愛與悲憫。他們並不會想要獲得名聲或長壽，甚至不會想要解脫生死輪迴，他們的動機是利他的。

「慈心禪」的四句偈

傳統的「慈心禪」是重複地默念以下四句偈：

願一切眾生沒有怨敵與危險，（Sabbe sattā averā hontu）

願他們沒有心理的痛苦，（Avyāpajjhā hontu）

願他們沒有身體的痛苦，（Anīghā hontu）

願他們快樂地關愛自己。（Sukhī attānaṁ pariharantu）

當我們想要完成一節的「慈心禪」時，經典中建議一組四句偈。我們從先前談過的偈語「願一切眾生沒有怨敵與危險」開始。爲了他人的幸福、快樂、安詳與安全，這是個清楚而簡單的祝願。

第二行「願他們沒有心理的痛苦」，提出一個新的轉折。我們再度祝願他人解脫痛苦，但這次是專注於內在的層面上。我們希望一切眾生都擁有快樂與安寧，不再經歷麻煩的念頭與情緒的折磨，或任何形式的心理痛苦。「瞋害」是指心中的憤怒之苦，通常在處境困難或感到不愉快時生起。這包括了一切憂慮、悲傷、恐懼、哀愁，以及與親近或喜愛之人別離所帶來的哀傷或悲痛。這裡也包括了由於世俗困境，例如生意失敗，所帶來的一切憂傷。

爲了眞正解脫一切心理的痛苦，眾生就必須免於內在的怨敵（煩惱怨敵）。「慈心禪」的第二行就是針對於此而說。我們不僅希望眾生內心永不再受苦，也希望他們體驗到從造成一切心理痛苦的苦因中解脫，亦即從內在煩惱中解脫。「煩惱」也是造成破壞性行爲的

「因」，所以由此擴展出去，我們希望一切眾生都能保有道德的、文明的、悲憫的行爲。所有這些意涵，都濃縮成一句簡單的偈語。我們的這一切祝願，眞正是爲了他人的利益，而不是希望全世界從此對我們更加禮遇，並且滿足我們的要求。

第三行則表示「願他們沒有身體的痛苦」。這包括各種程度的身體痛苦，任何刺痛或不舒服，我們希望他人沒有疾病、創傷、痛苦、痠痛、意外等等。這也同樣是沒有自私的面向，沒有順便希望自己的健康也隨著這種禪修的結果而改善。

最後一行是，希望他人能夠快樂地關愛自己，能夠輕鬆地承受生命的負擔，不用艱苦地去滿足身心的需求。這也可以譯成「願他人遭遇有利的處境」。照顧好自己的身心是費心費力的事，我們祝願一切眾生，都獲得維持生命的任何所需，甚至讓他們還有剩餘的時間與心理的閒暇來禪修。以通俗的話來說，就是希望每個人都過得很好。

「慈」的遍滿——五百二十八種「慈」

廣泛地散發慈愛給相遇的一切眾生，祝願他們都幸福與快樂，相對來說是容易的。還有一種增長慈心的方式，比較需要費心努力，即所謂的五百二十八種「慈」。

無限散發慈心：二十種「慈」

我們談過傳統的四句偈。「慈心禪」複誦的這四行偈語，每一行都可以算是一種特別的「慈」。「願一切眾生沒有怨敵與危險」是可採行的一種慈心形式。「願他們沒有心理的痛苦」可以說是另一種味道，如果你發願，即等同於祝願他們內心快樂。而「願他們沒有身體的痛苦」，則是另一種祝願他們幸福的方式。

一旦人只要還算快樂，並且身心上都沒有痛苦，那麼，事情似乎也都順利愉快。「願他們快樂地關愛自己」，則更進一步擴大我們的慈心。這種慈愛的表現，似乎顯得有些豪華了。但照顧自己的身體是件費心費力的事，每個人都被迫去承擔。身體需要餵養，大小便需要排泄，它還需要休息與清洗。維持身體是一種痛苦的形式，祝願他人能夠快樂地關愛他（她）自己的身體，事實上是「慈」的一種深刻展現。

「慈心禪」的這四句偈，是對一切眾生散發的，這稱爲「非特定對象散發慈心」。

爲了擴展「慈」的種類，我們將慈心散發給不同群體的眾生。我們前面已經祝願了「一切眾生」，在這個大群體之外，我們再加上四個大類：「一切有呼吸的」、「一切已經出生的」、「一切個人」、「一切具有五蘊的」。

我們經由這四句偈，一群接著一群地，將慈心散發給這些群體眾生。而由於我們已經完成了第一群——「一切眾生」，我們如此就完成了五種基本群體。而每一群人都接受了四句偈，所以，我們總共散發了二十種「慈」。

將慈心散發給這五種群體稱爲「無限遍滿慈心」（非特定對象的慈心散發），「遍滿」一詞也可以譯成「遍布」或「擴散」，如此就將「慈」散發給所有這些眾生。

有限散發慈心：二十八種「慈」

我們尚未將這幾個群體分類，現在我們要依眾生的性別、心的證悟與其居住的生存領域來分類。而每一種大類之下，又各有自己的小類別，最後加起來總共有七種類別。

我們將性別分為男性與女性，然後傳送慈心給每一種性別。「一切女性」，不僅包括女人，還包括宇宙中所有的雌性眾生。「一切男性」，所指的不僅是男人，還有宇宙中所有的雄性眾生。

「心的證悟」這一類又分為兩種。我們散發慈心給已經證法的「一切聖者」，然後散發慈心給那些尚未證法的「一切非聖者」。「非聖者」就是指一般的「凡夫」，他們是仍然被痛苦與全然的無明所束縛的人。

存在的領域則分為三個階層。「一切天人」是指那些住在較高層領域者——天界與梵界的眾生。「一切人類」則包括一切人類。「一切惡道眾生」是指那些墮落到悲慘且難以逃脫之境的眾生，包括畜生道、餓鬼道與地獄道眾生，這些也稱爲「惡趣」。

我們以原來的四句偈，散發慈心給這七種存在領域的眾生。「願一切（某一個存在領域的眾生）沒有怨敵，沒有心理的痛苦，沒有身體的痛苦，能夠關愛自己」。至此，我們已經又散發了二十八種形式的「慈」。

由於我們刻意地散發慈心給特定的、個別的群體，這一組慈心修法便稱爲「有限遍滿慈心」（odiso pharaṇa mettā，特定對象的慈心散發）。將這二十八種有限制的慈心散發，加上之前二十種無限制的慈心散發，我們已經累計有四十八種形式的慈心。

十方散發慈心：四百八十種「慈」

接下來，我們散發慈心給在十方的所有這些類別的眾生。這有一個特定的順序，首先是羅盤上的主要方位——東方、西方、北方、南方；然後是介於其間的方位——東北方、東南方、西北方、西南方；然後分別是下方與上方到頂的一切眾生。如果我們向所有十個方位散發慈心給上述的四十八類的每一種，我們就有四百八十種「慈」。例如，「願北方的一切女性眾生沒有怨敵與危險」等等。

這四百八十種「慈」，加上在開始向宇宙方位散發之前的四十八種，我們總共就有五百二十八種「慈」。

散發慈心給一切眾生

所以，現在讓我們來散發慈心給一切眾生。所有的禪修者與法友們，大家一起來練習。

願一切眾生沒有怨敵與危險，

願他們沒有心理的痛苦，

願他們沒有身體的痛苦，
願他們快樂地關愛自己。

願一切有呼吸的眾生沒有怨敵與危險，
願他們沒有心理的痛苦，
願他們沒有身體的痛苦，
願他們快樂地關愛自己。

願一切已經出生的眾生沒有怨敵與危險，
願他們沒有心理的痛苦，
願他們沒有身體的痛苦，
願他們快樂地關愛自己。

願一切個人沒有怨敵與危險，
願他們沒有心理的痛苦，
願他們沒有身體的痛苦，
願他們快樂地關愛自己。

願一切具有五蘊的眾生沒有怨敵與危險，
願他們沒有心理的痛苦，
願他們沒有身體的痛苦，
願他們快樂地關愛自己。
願一切女性眾生沒有怨敵與危險，
願他們沒有心理的痛苦，

願他們沒有身體的痛苦，
願他們快樂地關愛自己。

願一切男性眾生沒有怨敵與危險，
願他們沒有心理的痛苦，
願他們沒有身體的痛苦，
願他們快樂地關愛自己。

願一切聖者……
願一切非聖者的凡夫們……
願一切天人……
願一切人類……

願一切惡道眾生沒有怨敵與危險，
願他們沒有心理的痛苦，
願他們沒有身體的痛苦，
願他們快樂地關愛自己。

所以，我們剛剛進行了二十種「無限遍滿慈心」與二十八種「有限遍滿慈心」，兩者加起來共有四十八種。到目前爲止，這些都是沒有特定方位的。

至於方位性的「慈心禪」，十個方位都各散發四十八種慈心，會佔去太多篇幅。所以，我們就只是散發慈心給一切眾生吧！

4

以「法與律」爲師，修習念住內觀

依循「法與律」，能導致苦滅

佛陀教化眾生，傳法四十五年。在臨入涅槃的當晚，他召來侍者阿難尊者，告訴他：「從今以後，『法與律』就是你們的老師」。

關於「法」這個字的有很多的解釋，但是關於「律」的解釋就很少，而兩者的複合字「法與律」，則更少受到關注。一般而言，「法」意指做有益的事，而「律」則是指捨棄無益的事。根據馬哈希尊者的說法，「法」包含爲一切眾生帶來幸福的教法；而「律」則是守則、戒條與規定。「律」的意思是「形塑眾生的行爲，以使其美好」。除非我們有意識地形塑自己的身、語、意行，否則它們將會醜陋不堪。

佛陀禁止殺生、偷盜、邪淫、妄語與飲酒吸毒，因爲這些行爲會引生嚴重的後果。他鼓勵人們要仁慈、布施、持戒與修心，因爲它們帶來不可勝數的利益。所有眞正的心靈導師必須要知道，什麼是對眾生有益的或無益的。他們必須出於智慧與悲憫，勸導學生從事有益的事，並捨棄無益的事。

一份解救衆生離苦的禮物

「法與律」或多或少地存在於每一種宗教裡，但是只有佛陀所完整教導的「法與律」才是獨一無二的。完整的教法保存在「三藏」裡，它的字義是「三個籃子」，這是因爲典籍分爲三類，就猶如保存在不同的籃子裡一般。前兩類稱爲「法藏」，包括「經藏」——佛陀的說法開示，與「論藏」——關於心與心所的分析。第三類是「律藏」——律典。「經」傳達了佛陀的一切知智與悲心，「論」（阿毗達磨）傳達了智慧，而「律」（毗奈耶）則傳達了純淨的悲心。

在緬甸，「法與律」並不被視爲一種宗教。巴利語是「教法」，通常翻譯爲「施予」，它包含了「禮物」與「解救」的雙重意思，因爲「法與律」是免費施予的，也將我們從痛苦中解救出來。「施行」這個翻譯雖好，但使用起來有些不順，比較好用的翻譯可能是

「教化」。

如果我們依循佛陀的教導，將能導致苦滅。它的確是一份禮物，是值得珍藏並付諸實踐的禮物。佛陀的教法總是導向純淨，以及身、語、意行的改善與修養，如果我們依教而行，就可以宣稱自己沒有枉生爲人了。

完整的三學教導能根除煩惱

「佛語」只是爲了引導眾生趨向淨化，克服煩惱與折磨。他說的話全都是教法，他解釋並鼓勵眾生修習戒、定、慧。藉由這三學，我們能夠獲得前所未有的成就——一種嶄新的、空前非凡的狀態，那的確是無法透過其他方式所能成就的。

「戒學」是道德的訓練，能克服身體的煩惱；「定學」是專注力的訓練，能淨化內心；「慧學」則是智慧的訓練，能根除潛藏的「隨眠煩惱」，任何煩惱都不殘留。他必須培養所有這三學，否則在餘生中，就會被粗重、中等、微細的各種煩惱所擊敗，甚至可能投生到不幸的境地去。

如果你修習「法與律」，「法與律」就會解救你，它讓眾生免於墮入惡道，它滅除「有漏煩惱」❶——那些不請自來而滲入心的煩惱，讓我們錯解了實相。在有漏煩惱的影響之下，我們耽溺在傷害自己與他人的行爲裡。我們不瞭解，一切痛苦百分之百都是心的煩惱所造成，使我們遭到焚燒並且墮落。如果耽溺其中，將導致錯誤行爲並墮落到低劣的境地；不但失去了人性，更別說快樂了。

根除煩惱是目標，這相當於涅槃。如果你不修習完整的訓練，以涅槃爲目標，那麼，你遲早將會受苦。但是如果你眞的盡力嘗試去除煩惱，你就會享受到一個文明、冷靜、有修養的人生。

❶「漏」（āsava）就是「煩惱」。有四種漏：欲漏、有漏、見漏與無明漏。

圓滿獲得教法成就、禪定成就、智慧成就

「教法成就」意指已經完成或圓滿佛陀教法的人。她的舉止優雅，她的言語是眞實而甜美的，她的心平靜自在。完成教法的第二個含意是，這位有修養且優雅的人是完全心滿意足的。當然，這份滿意並非來自於對他人更具批判力且自認高人一等，這種快樂只能是自我約束與修學的成果。

第一步是恭敬地聽聞正法的教導，並且以實踐上述的三學爲目標。當我們聽聞時，盡力地將聽到的教法銘記在心，好讓自己可以忠實地付諸實踐。藉由密切地遵行教法，我們會在自己內在圓滿教法（教法成就）。

如此，我們在聽聞或研讀了戒律的原則之後，便下定決心去瞭解、記憶，並去實踐它。「持戒」意指捨棄違犯煩惱，從此以後，我們不會再做某些事，或說某些話了。

這便是安立「戒教」於自身之內。圓滿戒律的人就是上等人，無論他（她）是貧是

富，或受過多少教育，他是不會犯錯、有教養且優雅的。「戒」也讓人免於憂慮與懊悔，他的內在是光明、輕快且向上提升的。

不過，仔細地檢視這件事，我們必須承認，只是在嘴上說我們會改善並戒除壞習慣，這是不夠的。我們需要修心，否則某些出於惡意、貪愛或愚痴的衝動遲早會打敗我們，讓我們做出毫不可取的行爲。唉！這是無可避免的。

我們要想控制自心，就必須透過禪修。如果沒有「內觀」專注而精確的覺知，那麼，每當一個可愛、恐怖或模糊不清的對象出現時，與之相應的貪、瞋或癡等煩惱就會遮蔽我們的心。然而，如果我們注意並觀察每一件事，就會清楚地看見對象，煩惱將無從生起，而我們也能應付自如。

仔細聆聽禪修的方法，然後盡最大的努力去實踐它。如此老實地修行，你將會在自己身心的相續中，建立起「禪定成就」，你也會因這努力而獲得滿足。

行者要觀察身體、感受、心與所有其他對象——「四念住」。當他注意觀察身體時，就是踐行「身隨觀念住」的教誡。觀察樂受、苦受與不苦不樂受時，就踐行了第二個念住「受隨觀念住」。藉由觀心，就是在踐行第三個念住「心隨觀念住」。而藉由觀察諸法時，就是在踐行第四個念住「法隨觀念住」的教誡。在所有六個感官根門❷上持續努力，就能圓滿「四念住」。

別被嚇跑了！雖然這聽起來頗爲複雜，但其實這種禪修只需要一種努力，那就是你必須不斷地嘗試將心專注在對象上。這意味著每當心跑掉時，就要不屈不撓地一再回到所緣上，再加上不斷努力地提升你觀察的品質，然後你會開始了知所緣的本質，並且開始次第體驗到各階段的內觀智慧。最後，你會達到涅槃，並根除潛在的隨眠煩惱。

藉由內觀智慧，行者制伏煩惱並獲的「智慧成就」。而一再重複地培養「智慧成就」一段時間後，就成爲聖者——超凡之人。我們說這樣的人已經證法，他（她）可宣稱自己繼承了人類的最高遺產。

爲了遵行「法與律」，我們接受佛陀的忠告而不踰越某些規範。透過仔細且重複的聽聞，用心記憶並接受教導，我們成爲眞正的弟子。「弟子」的巴利語是「聲聞」，意思是「聽聞者」。請你們盡力成爲好弟子！

佛陀圓滿「因」與「果」，才教導他人

善慧隱士當初可以成爲完全解脫的阿羅漢，享受長達許多劫的涅槃安樂，而非再誕生於我們這個歷史期。❸但是由於看到眾生在受苦，他放棄了那個機會，好增長他的「波羅蜜」，而這艱辛漫長的任務，要從布施開始。

在歷經多生多世的投生與經驗之後，他的根性終於成熟。然後，這位即將成佛者出離世間，並修習「念住內觀」。他一步步地增長觀智，直到獲得入流、一來、不還與阿羅漢

---

❷六根：眼根、耳根、鼻根、舌根、身根、意根。

❸證得阿羅漢後便「不受後有」，不會再出生了。

等四向、四果的道智與果智爲止。「阿羅漢道果」——聖者的「道」與「果」，是他修行的頂點。由於他具有殊勝的「波羅蜜」，他同時也斷除了所有的「習氣」（vāsanā，「業」的傾向），獲得一切知智，於是他成爲完全覺悟的佛陀。

透過息滅貪、瞋、癡等心理染污，他根除了痛苦。阿羅漢也息滅了這些，但是有一點不同。阿羅漢成就「法」雖然也斷除煩惱，但是仍然殘留了一些習氣的痕跡。例如，有人從前慣用粗暴、侮辱的言語表現憤怒，在他成爲阿羅漢後，可能偶爾還是會說出侮辱性的話，但是背後並沒有任何不善的動機。瞋恨習性或任何他（她）曾有過的壞習慣，還是會殘留。長期習慣於驕傲、自負行爲的人，在成爲阿羅漢之後，還是會顯得傲慢；但再次地，他並沒有不善的動機。

留存在阿羅漢身上的習氣，就如殘留在空瓶子裡的強烈氣味一樣。一個曾經用來裝酒的瓶子，即使經過很多次的清洗，但聞起來通常仍有酒精的氣味，阿羅漢的心也是如此。

然而，佛陀則是滅盡所有的煩惱與過去的習氣，這是當我們說他「煩惱滅盡無餘」

時，「無餘」一詞的意思。

無論遇到多麼可愛的、可能引發貪欲的對象，佛陀絕不會有絲毫貪愛、喜歡或欲求的反應。面對討厭的、可能引發瞋恨的對象，他絕不會生起惡意、瞋恨或厭惡。而容易引發愚痴的對象，也無法引生他任何迷惘或困惑。佛陀是完全無惑的，他以一切知智而了知一切。

善慧隱士經過長期的努力，圓滿了「因具足」——成就佛果之「因」。而藉由證得阿羅漢的法與一切知智，他圓滿了「果具足」——「果」的成就。然後，他藉由「利益眾生具足」——與眾人分享「法」，而完成他的悲願（也實現了燃燈佛的授記）。

在這個世間，有些人沒有圓滿成就的「因」就想收穫「果」，他們就是所謂的投機者。其他有些人則努力圓滿「因」，甚至也收穫「果」，但是並不走出去爲他人服務。雖然這些人有偉大的成就，但他們被鄙視爲吝嗇鬼。佛陀既不投機也不吝嗇，他圓滿了「因」與「果」，然後教導別人，他的工作是究竟圓滿的。

沒有其他任何人可以做到他所做的。長達四十五年，他致力於幫助人類、天人與梵界眾生。他讓每一類眾生都能按照他們的「波羅蜜」而獲得快樂：人類有人類的快樂，天人有天人的快樂，梵界眾生也有梵界眾生的快樂。

現代的禪修老師們應當思惟他這個典範。佛陀在教導他人之前，首先使自己完善。他的成功大家有目共睹，且完全實至名歸。所有的老師們在公開服務他人之前，應該都先確認已經調伏好自己且行爲正直。如果一位老師甚至連基本道德都無法持守，他（她）很自然地將會受到批判。而導正自己的行爲，也是能否體驗到人類之樂的關鍵。

「法與律」提供所有人均等的機會

佛陀的「法與律」是完整而毫無偏私的，它不會在世間凡夫之中製造出階級。修行正法而不期待特別禮遇的任何人，都將能夠體證「法」，這個保證是可以給予的。佛陀透過根除煩惱與證得清淨，而達到究竟，並贏得人們的尊敬。他的教導則指出如何遵行他的足跡，既不多也不少。

想想「戒」的修習。當年輕人持戒時，他們就獲得身行與語行的清淨，中年人持戒也獲得清淨，老年人持戒也沒有差別。戒律的成果，是所有人在人生任何階段，無論他們屬於哪一個群體，都是可以獲得的。每個人都可以獲得改善。

同樣地，修習「內觀」的人，制伏了內心的煩惱。當正念現前並持續時，煩惱就無機可乘。心變得專注，「定」就會生起。這些經驗並不是有所偏向地只專給某些人，而不給其他人。當然，行者必須要正確地修行，投入必要的努力，遵照老師的指導才行。何妨給它一個公平的試驗，你將會看見成果。

如果禪修者持續地將心專注在觀察對象上，他（她）終將開始獲得次第的內觀智慧[4]。第一個是「名色分別智」——區別「名」（nāma，心）與「色」（rūpa，物質）的能力，然後他（她）將能夠看到「因」與「果」的運作，並開始了知無常、苦、無我的共相。如果這位禪修者持續修行，他（她）將逐步體驗各種內觀智慧，一直進展到最後體驗涅槃的清涼法樂。這個順序並不單獨偏厚任何人，甚至即使由於禪修營的時間不足或是其他原因，有人無法完成次第的內觀智慧而證得入流果，他也還是必定會獲得利益。同時，也不會對他人有任何傷害。難道這不是完全公平且無私的嗎？

在佛法之中，男人與女人都獲得平等的對待。佛陀的「法與律」，對所有人都提供了均等的機會。

成功修習「法與律」的四個要素

要成功地修習「法與律」，最開始必須具足四個要素❺：

首先，必須要親近一位眞正的老師，這位老師要能夠依照佛陀的指示，來教導正確的「法」，這是「親近善士」。我們親近求教的一些人當中，不一定都能給予我們正確的指導。如果我們眞的找到可以給予正確指導的人，這個人就是我們的「善知識」（心靈之友）。

第二個要素是聽聞（或閱讀）這些正確的指引、指示與教導。這是「聽聞正法」，或正確地研讀正法。

❹十六觀智依序為：名色分別智、緣攝受智、思惟智、生滅隨觀智、壞隨觀智、怖畏現起智、過患隨觀智、厭離隨觀智、欲解脫智、審察隨觀智、行捨智、隨順智、種姓智、道智、果智、觀察智。

❺此四個要素即「四預流支」：親近善士、聽聞正法、如理思惟、法隨法行。

接下來，第三個要素自然就是用心接受這些教導。此外，在日常生活或禪修營裡，無論什麼境界現前，我們都必須導引自心繼續保持正直與率眞的行爲。這是「如理作意」——在任何處境中都保持平穩的心。

第四個要素是下定決心：「我將遵行正法的教導」。這是「法隨法行」——依照正法來修行正法。

在聽聞「法與律」時，必須具有全部這四個要素。

禪修所需的特質——彌蘭陀王求教的例子

彌蘭陀王是西元前一世紀時，在印度西北方的一位希臘統治者。當他開始對佛陀教法感興趣時，便去探訪出家僧伽，尤其是一位名爲「那先」的長老比丘，提出了一系列深刻而敏銳的問題。他雖然貴爲國王，但仍恭敬地求教於比丘，並坐於弟子之位。彌蘭陀王在尋求瞭解正法這件事上，非常認眞嚴肅，並且在各方面都很認眞與仔細。

在提問時，他的心理動機是一種「求知欲」；他也懷有「聞法欲」——想要聽聞珍貴正法的願望；而他在聽聞正法之後，也不會立即忘記，因爲他具有「持有欲」——記住所聽聞正法的意欲。

他希求智慧之光；他希望能驅散無明黑暗與愚痴；也企圖尋找智慧之光。彌蘭陀王最究竟的目的是摧毀虛妄無明的黑暗。無明就如黑暗一般。

當人身陷黑暗之中，他什麼都看不見或看不清楚，即使他知道一點點，那一點點也會被扭曲。他就像是患了白內障一般，不僅視野所見比一般人少，看出去也是一片模糊。彌蘭陀王有強烈的欲望，想要使內在視見清晰明亮。

彌蘭陀王去請教僧伽時，心態非常地平穩。他具有勇猛的「精進」、堅強的勇氣與一種強大的思惟力、抉擇力。對於一位尋找老師的禪修者來說，這些特質都是必須具備的。彌蘭陀王可能讓西方人特別感興趣，因爲他是有史以來，最早改信佛教的一個例子，他從希臘（基本上是西方）的觀點來嚴格地探究佛教。他與那先長老比丘的對話，記錄在《彌蘭陀王問經》（*Milinda Panhā*）[6]一書中。

禪修的關鍵在於保持正念相續。爲此，禪修者需要心的穩定與耐力、強烈的精進，以及克服困難的勇氣，而這些與彌蘭陀王在探索正法時所具有的特質是相同的。

此外，禪修者也需要「正知」（抉擇力）。他（她）必須能夠評判什麼是合宜的，以免分散或障礙正念的持續。於是，在決定是否採取行動時，禪修者必須明智地省思、作決定，然後堅持到底。

有些禪修者讓正念斷斷續續。這些人必須試著找回他們的良好特質，並且重新開始。心的耐力、精進力、勇氣與抉擇力，絕不能鬆懈或意興闌珊。我們需要超凡的耐力、精進力、勇氣與抉擇力。

我們的禪修傳承，是由仰光已故的馬哈希尊者所創立的。主要的教法即是依據他的指導，「內觀」或稱爲「內觀禪修」，雖然也有關於「慈」的開示，但比例少很多。這是因爲內觀智慧能夠藉由直接現見「法」，而具有解脫心的能力。

然而，不幸的是，並非每個人都能夠修習高階的「內觀」。那是一個要求嚴格的修行法，只適合少數特別的人。

此外，從這種禪修法所獲得的利益，主要在於自己。其他人也會獲益，不過是以一種間接的方式。由於對大多數人而言，慈心比較容易發展並能利益每個人，因此「慈心禪」的修習，實在應該廣爲弘傳。但如果我們修習慈心，也絕不該忽視，唯有內觀禪修才能提供的獨一無二的可能性。

❻中文對應的經典是《那先比丘經》。

「念住內觀」的基本指導

姿勢

任何坐姿，無論是盤腿或交腳都無妨。禪修者也可以坐在椅子上，但是背部不可以靠在椅背上。身體要儘量地保持端直，眼睛應該閉上（除非你覺得昏昏欲睡）。

主要所緣

覺知的主要所緣就是自然的呼吸，如其本然的呼吸。不要嘗試用任何方法控制呼吸，只是任由它進出，同時密切觀察腹部這個部位。吸氣時腹部的上升，以及呼氣時腹部的下伏，還有各種不同的感覺與經驗。對這一切，都應該盡可能地持續注意。別讓你的注意力有任何中斷。

對任何所緣的觀察都有三個部分：

一、出現：注意力應該迅速到位，盡可能在所緣一出現時就觀照到。

二、標記❼與觀察：對腹部升起的動作標記爲「起」，下伏的動作標記爲「伏」。對於所緣的觀察應該要仔細與認眞，標記時則應溫和而簡單。對於正在發生的事，並不需要加以說明而形成概念。「標記」只是爲了認出事件，並且幫助心導向它。

三、了知本質：在腹部的起伏中，要如實地了知感覺。例如，在升起時，可能會有緊、繃、僵、硬的感覺，也可能有振動與移動。

要持續長久地觀察起伏並不太可能，其他所緣會生起；當它們生起時，通常會建議你將注意力從呼吸移開。

❼標記（label）也翻譯為「命名」、「標示」或「標注」，是注意且指認生起的所緣，而非刻意為它命名。

如何處理其他所緣

有數種其他所緣，可以作爲注意的焦點。

一、心遲早總會跑開去遊蕩，當這種情形發生時，將注意力轉向它，把它當作新的所緣。標記它，但不要執著念頭的內容。這一點非常重要。念頭可能立刻就消失，此時你就重新回到腹部的起伏。念頭可能顯得崇高偉大、迷人，或極爲吸引人，無論念頭如何出現，它們全都像是肥皀泡沫一般。要避免跳上念頭的列車，而使自己完全迷失。如果心持續遊蕩，而你的注意力被分散，變得完全沉迷其中，那就要切斷思緒，並重新回到腹部的感覺上。不必理會微弱或隱於背後的念頭。

二、身體上會有疼痛生起。當這些感覺變得明顯時，就放下腹部的起伏。標記疼痛爲「痛、痛」，並且觀察它一段時間，然後再次標記它。

關於身體的疼痛，有四件事要知道：㈠它的特質或特性：例如它可能是燒灼、銳利、鑽刺、撕裂；㈡它的強度：它可能增強、保持或減弱；㈢它的位置：它可能逗留原地、消失、擴展或移動；㈣它的持續時間：它可能持續一會兒或一整節禪坐時間，或者也可能忽隱忽現。

切記保持注意疼痛的目的是在於了知它的本質，而不是要療癒它或讓它消失。同樣地，在密切觀察之下，疼痛有時會消失或改變。另一方面，它的強度也很有可能增強。任何這種改變都要標記。

面對強烈的疼痛，則需要耐力與決心，不要改變姿勢；相反地，試著更深入地了知疼痛，改變姿勢會減弱專注力。如果疼痛變得難以忍受時，變換姿勢是可以的，只要你在變換姿勢時，仍保持完全的覺知。

三、可能會出現很大的聲響。標記「聽」，並且觀察「聽」的過程。注意聲音的音量與它對耳朵的衝擊，以及任何的心理反應。不宜花太多時間在外來的聲音上，因爲這會導致心的散亂，不要刻意把聲音當作主要的所緣。

四、內在的視見可能生起——會生起幻影，以及包括記憶，或想像的、眞實的或幻想的顏色、形狀、風景與景象的視覺印象，或可能生起記憶、想像的顏色、形狀與景象等幻影。這要標記爲「看」，並且觀察。要小心別被它拉跑了，因爲它可能變得很有吸引力並令人興奮，而且通常是頗爲愉快的。對某些禪修者而言，這可能變成一個問題。

五、心情或心理狀態：喜悅、怠惰、瞋恨等心態將會變得普遍、強烈或突出。把心情當作所緣，標記它並觀察它。如果它消失了，就重新回到腹部的起伏上。心情、情緒通常與身體感受相關連，若是如此，則偏重在那些感受上，而非可能與心情有關的任何念頭。

簡而言之，就是必須要標記並觀察一切事物。不論何時，哪個所緣在當時最明顯，那就是要注意的焦點。你從注意腹部的起伏開始，這在最初能增長專注力，使心平穩。稍後，你檢視爲數較多的所緣，建立起精進力與靈活性。每當沒有任何清楚並易於觀察的其他所緣時，你就回到主要的所緣。如果有許多個所緣強度相同時，就從它們之中選擇一個。

令禪修成功的心所

最重要的禪支❽就是「正念」。它應該要持續不斷，理想上是從你醒來的那一刻開始，直到你睡著的那一刻都不間斷。「定」與「精進」也很重要。

「尋」這個禪支，就是聚焦在所緣上的了知的心，它與「精進」讓我們將心導向所緣。當心與所緣接觸時，就有「伺」——連結注意力與所緣的接觸。在「定」的基礎上，「念」與「慧」也會生起。

禪修營的作息

在禪修營剛開始時，你大致上應該打坐一小時，並行禪一小時，或各四十五分鐘也可

❽「禪支」是指每一階段的禪那中，特定的與禪那相應的心所。例如，初禪有五禪支：尋、伺、喜、樂、心一境性。

以。之後，你可以坐久一點，走的時間短一點。在禪修營裡，整個白天與晚上都持續禪修。禪修者在清晨四點或五點起床，晚上能禪修到多晚就多晚。他們通常減少睡眠時間到四小時，或甚至更少。通常每天最後一餐也取消而只喝茶。這有助於延長修行時間，減少睡眠。而且因爲出家人的戒律包含「過午不食」，效法他們也增長了良善的意志。

行禪指導

選擇一條步道或小徑，讓你能夠不受干擾地來回行走。把一小時的行禪時間分爲三段。

前二十分鐘，你可以走得比較快些。當你注意到腿部與腳部的明顯感覺時，就對應著左、右邊而標記「左、右、左、右」。

接下來二十分鐘，則走得比較慢一些，並且只密切注意那隻正在移動的腳，標記「抬起、踏下」或「抬起、放下」。當你標記「抬起」時，試著讓標記和注意力兩者與腳後跟離地的時刻一致同步。標記「踏下」或「放下」時，要從腳生起沉重感的那一刻就開始。一碰到地面就標記，並持續注意重量的移轉，直到整隻腳都停穩。然後把注意力移到正要開始移動的另一隻腳上。

在最後二十分鐘裡，走得愈慢愈好。只注意那隻正在移動的腳，同時標記「抬起、移動、踏下」。你走得愈慢，進步就愈快！

在行禪時，你會覺知到感受或移動。可能會有顫抖或不穩，尤其在剛開始時，動作無法連續，而且你也可能體驗到有些奇特的感覺。例如，你可能覺得好像有什麼在推你的身體或你的腳。

要練習守護根門，不要東張西望，也不需要盯著腳，只要把你的目光放在身前不遠處，可以看見要去的地方就好。在行走時守護根門，能增長定力，也避免尚未生起的不善心所。

一般性活動

在禪修營期間，放慢你的一切動作。非常慢速地移動是個很棒的技巧，幫助我們看到身、心之中的許多小細節。有無數事情生起，但我們通常都尚未覺知到，看見它們將增長智慧。然而，如果你只感到不安，或念頭的洪流爆發流竄，就找一個能讓你的正念與身體動作協調一致的速度。

你應該毫無例外地覺知一切活動。如果在行禪時有個聲音出現，應該要注意它。注意自己坐在床上；其他如用餐，或把食物拿到盤子裡，以及進食時所有必要而繁複的動作，也都要覺知。

持續、自制、緩慢，會有助於你的禪修。

面談

在我的教導方式裡，「面談」是個關鍵部分。我有非常高標準的期望，正確、簡短與精準，是關鍵重點。面談一次通常大約十分鐘。要確定你的時間分配，足以完成你的報告，並讓老師問你問題，以及給予一些指導。

按照三段式的架構來描述你的主要所緣——它如何出現；你如何標記與觀察它；然後是你對於它的認識或察覺。對於禪坐期間生起的其他明顯的所緣，也同樣地報告。老師需要瞭解你修行時發生了什麼，你如何覺知它，以及你覺知它之後如何體驗它。切記！不需要報告你一整天的活動紀錄——一位受過訓練的老師，從簡潔的報告中就能瞭解很多事了。如果當天你的修行有任何不尋常的事發生，也最好能提到它。

謹守這個準則，不要講一些花俏的巴利術語，要避免詮釋你自己的經驗。不要報告想像的經驗——老實與真誠是必要的。

這種報告風格，有激勵修行的效果。

老師聽完報告後給予的指導，通常只有寥寥數語。

5

一條獲得涅槃的直接之道

念住內觀

注意每個當下，開展八聖道

正精進、正念——持續觸及、注意所緣

修習「內觀」的禪修者在每一個當下注意所緣，就進入了八聖道；那是一條解脫痛苦之道。在我們這個傳承裡，主要注意的所緣就是由呼吸過程引起的腹部起伏。禪修者在每一次注意腹部起伏時，他（她）都必須努力觸及所緣。在八聖道的語言中，這稱爲「正精進」。這份精進讓禪修者可以觀察並記憶所緣，減少散亂，並開始能夠將這注意的「念」持續地保持在所緣上。最後，「念」便會連續不斷地生起。如此，以八聖道的語言來說，就是「正念」。當「念」連續且維持不斷時，心便逐漸開始穩定地安住在所緣上，這在八聖道的語言中，就是「正定」。

心具有了「正精進」，將不再接受煩惱。「正精進」幫忙阻斷所謂的「不善道」或「煩惱道」的入口。與此同時，「善道」開通了。「正念」保護心，使它不受煩惱襲擊；

「正定」則有使心統一與集中的作用，讓它在所緣生起時，停留在所緣上。「精進」、「正念」與「正定」這三個心所合稱爲「定蘊」——八聖道裡的「定」組，它們也稱爲「定學」或「定教」（「定」的教法）。我們通常簡稱它們爲「定」。

正思惟、正見——看見所緣的眞正本質

當定蘊聚集在心中時，煩惱便無機可乘。當禪修者一再地將心聚焦時，他（她）的覺知力也會變得愈來愈集中而直接。「欲尋」（感官欲樂的想法）便無從生起，也不會有「瞋尋」（瞋恨與惡意的想法）；而「害尋」（想要折磨他人的欲望）也會消失。由於心直接就觸及禪修所緣，也不會掉落到貪欲、散亂或其他形式的折磨裡，而克服纏縛煩惱。在一分鐘的修行裡，「正思惟」會生起六十次。「正思惟」是八聖道裡的另一道支。

當人剎那相續地注意腹部的起伏時，在一分鐘內就得以看見它的本質六十次。他會親自看見、瞭解與了知這個動作的眞正本質，而不是透過其他人的禪修來了知。當其他

所緣生起時，也是以同樣的方式了知。這個直接的瞭解就是「正見」。「正見」與「正思惟」這兩道支合稱爲「慧蘊」——八聖道裡的「慧」組，它們也稱爲「慧學」或「慧教」（「慧」的教法）。透過慧學，連隨眠煩惱也會暫時被驅散。我們見到了心與身過程的眞正本質，便開始穿透到更微細的觀智層次。

正語、正業、正命——調伏身行與語行

在開始修習內觀禪修之前，一般要先受持戒律。在禪修營的清淨環境裡，甚至很難違犯戒律。每當我們能夠持戒時，理所當然地就已經免除了違犯煩惱。此人的身行與語行已經調伏，外在表現變得更文明而有修養。當道德出現時，這稱爲「戒蘊」——八聖道裡的「戒」組，它們也稱爲「戒學」或「戒教」。戒學包括了八聖道裡的「正語」、「正業」與「正命」三個道支。藉由禪修練習，行者會逐漸具有正當的語言、行爲與謀生方法。

如果我們把戒蘊再加上前面談到的定蘊與慧蘊，如此，禪修者就完成了八聖道的全部

道支。

當身體與語言上的違犯行爲減少時，會帶來明顯的利益。因爲造成痛苦的行爲，通常不但會導致外在的後果，也會導致內在痛苦、危險與困難的念頭。如果我們對心理煩惱不起反應，不增強它，就會打破這個惡性循懷，想要傷害他人的欲望將逐漸消失。當煩惱由於持戒而逐漸消滅時，我們便避免了自己惡行的影響，得以獲得寧靜與快樂，同時也保護了他人。如此，修觀也符合「利他」的原則。

藉由戒、定、慧的幫助而獲得法勝

每當行者以戒、定、慧直接觀察當下生起的所緣時（意思就是它們一生起時就立即觀察），他將會從粗重、中等與微細或潛藏煩惱中解脫。他將會從「貪」解脫——解脫貪愛、渴愛與欲愛，以及所有類似感受；也會從「瞋」解脫——解脫瞋恨、憤怒、惡意與相關的心所；「癡」——愚癡、疑惑與無明，也將會消失。當貪、瞋、癡都消失無蹤了，心就會純淨、無染與明晰。

如果心不明晰、無染，我們的生活就會低於水準——處於低劣的狀態。相反地，如果心是純淨的，我們就應該視此爲高水準的生活——一種高尚的狀態，此人的心與行爲將會變得很優雅。從貪、瞋、癡中解脫，我們的內在就不再受到擾亂，每個人都珍愛這些高尚的特質與平靜。在此，我們見到了禪修者如何直接受益於自己的修行。同時，住在附近的其他人也會間接地獲得利益。這位禪修者不會擾亂他（她）的周遭，所以，每個人的世界都變得更安詳了。

藉由戒、定、慧的幫助而獲得勝利，巴利語稱此爲「法勝」——「法」的成功或「法」的勝利。當人在他自己的小世界獲得這種法勝時，在整體上也將會減少問題。自己的心與周遭都會變得清涼與寂靜，我們對外散播的傷害也減少，這個世界對每個人來說都變得更美好了。

有些人靠武器獲勝，另有些人則利用權力獲勝，還有些人則操控族群，或甚至威脅、恐嚇與折磨他人，這些外在的勝利都來自於貪、瞋、癡。它們頂多獲得錯綜複雜的後果，當然不夠資格稱爲「法勝」。相反地，它們被稱爲「非法勝」——不眞實的勝利。獲得「非法勝」的人，常會失去自己的正直與尊嚴，也衍生出更多問題。佛陀給予我們的是「念住內觀」的修行——一條戰勝自己的道路，當我們贏得這種內在勝利時，穫益最大的就是我們自己。

強力的「念」牢牢釘住所緣

我們修行時，必須設定某個範圍而不去踰越。「法與律」一詞對可能的範圍爲我們提供了一個整體概觀，我們應該要做有益之事，捨斷無益之事。

三十七「菩提分法」❶包含了「法」的精要，它們是四念住、四正勤、四神足（四如意足）、五根、五力、七覺支與八聖道。

念住——「念」緊密而穩固地建立在所緣上

在本書中，我們尊崇所有這些教法，但將著重討論「八聖道」與「內觀」，它們包含了「法」的精髓。「念」意指注意與觀察，而「住」則是指將「念」緊密而穩固地建立在所緣上。這個「建立」的含意，就是將它翻譯為「住」的原因（通常採用「基礎」〔foundation〕這個字）。

四種所緣是「身」或物質對象，即身體的感覺；「受」即樂、苦與不苦不樂的感受；「心」即心理的對象；「法」即感知、嗅聞與一般的活動。論師（註釋書作者）們進一步認定，「念住」比一般平常的「念」更加強大。它必須是一種一直建立在所緣上，超乎尋常且能牢牢釘住的「念」。

「念」釘住在所緣上，這是最重要的。要能夠如此，「念」首先必須觸及所緣，然後釘入進去。我們把這稱為「深入轉起」（投入目標），也可以說它是「持續地穿透」。

「念」必須持續不斷地進入所緣。「念」的特性稱爲「不漂浮相」（apilāpana lakkhaṇa）。「pilāpana」意指「掠過」、「漂浮」、「晃動」，而良好的「念」不會浮動。它不會像是漂在河面上順流而下的軟木塞，反而比較像是沉入河床泥土中的石頭。

「尋」、「精勤」支援「念」進入所緣

爲了要能夠沉入所緣，「念」需要其他力量的支援。「尋」（瞄準）是「禪那」的一個禪支。只有當「尋」存在時，心與所緣才能對應得上。但是如果缺乏「精勤」（熱誠的

---

❶「三十七菩提分法」又稱為「三十七道品」，其內容包括：四念住（身念住、受念住、心念住、法念住）、四正勤（未生之惡令不生、已生之惡令斷除、未生之善令生起、已生之善令增長）、四神足（欲神足、心神足、勤神足、觀神足）、五根（信根、精進根、念根、定根、慧根）、五力（信力、精進力、念力、定力、慧力）、七覺支（念覺支、擇法覺支、精進覺支、喜覺支、輕安覺支、定覺支、捨覺支）、八正道（正見、正思惟、正念、正精進、正定、正語、正業、正命）。

努力），心也未必能夠觸及所緣。這份「勤」（努力）不是輕鬆、閒散或冷淡的，而是積極、有熱度與警覺的。如此，心將能沉入任何所緣，無論它是起與伏、身體所緣、感受或思考與計劃，也包括如「看見」這種一般性的活動。

經典、開示與討論都得建立在信仰與信心的基本感覺上，行者必須多少知道一些修行的利益，然後他會具有更強的信心，也會付出必要的努力，以便能夠有力地將心送達「念」的所緣。具有這樣的精進力，注意力將能夠沉入「念」的所緣。

佛陀曾說：「比丘們！這是淨化眾生確定無疑的道路。」他的意思是，「念住內觀」能夠一路清除貪、瞋、癡，直到證得阿羅漢果爲止。信任佛陀的教導，相信「法」其實就是眞理，「信」（信仰或信心）就會生起。而行者會想要驗證確認這份信仰是眞的，於是他就會有「意欲」——想要實修的意欲。一旦他開始修行，就需要「尋」與「精進」的支援。

所緣與心必須面對面碰在一起

禪修者的心必須持續地進入並穿透所緣，必須一直都沉入它的所緣（pavattati，轉起）。當心中生起一個所緣時，就必須分分秒秒地守著它，絕不失去它的蹤跡。這是「念」的作用（味），稱爲「不忘失味」——不忘失所緣，或緊盯著所緣。行者不再錯失或忘記所緣，也不讓它溜走。

「念」的作用就如叉起一口食物，如果只有「尋」（瞄準），叉子無法刺進食物，更無法叉起來放入口中。而「精勤」也是必要的，但光只有「精勤」也沒有用，這些禪支必須結合在一起運作。

生起的所緣與觀察的心必須面對面碰在一起，觀察不可能在所緣離去之後才生起，也不可能在所緣來臨之前生起。必須要面對面相遇，直接面對，這是「念」的現起，稱爲「面對境有現起」，即持續面對所緣的特質，煩惱便完全沒有機會進入心識之流。經上說

「念」具有「守護現起」的特質，即保護心不受煩惱擾亂。如此，行者獲得了解脫——從束縛中解脫，也獲得了安詳，不會再有出於貪、瞋、癡的躁動不安。當寂靜分分秒秒都生起時，那就是安樂的基礎。而當貪、瞋、癡持續進入時，就沒有自由與護衛。當心與腹部同步起伏，以及與其他偶爾出現的明顯所緣同步時，他就從那三種折磨人的念頭中解脫。「精進」關閉並阻擋了不善之道。

「念」生起的近因是「強而有力的想」——一種對於所緣的強力感知、記錄或辨識。不要挑選所緣，只是記錄來臨的所緣，無論你喜歡或不喜歡。持續的「念」將會讓心進入「不散亂定」。「掉悔」（掉舉與懊悔）將會消失。心會變得穩定、安住，不再焦躁與混亂。有多少的「念」生起，就有多少的穩固與安定。

「精進」會推動「念」的速度

「念」的速度隨注意力的持續而增強

在修行初期，「念」並無有速度可言，因爲精進努力所累積的力道還不夠，所以，注意的刹那是斷斷續續的，行者會覺得只能勉強抓得住幾個刹那的體驗而已。但是，心在投入所緣時，它的速度其實會加快一些。對那些定期禪修的人而言，他們的「念」的速度會隨著時日而逐漸增強；但是對那些修行滿是「破洞」與「間隙」的人而言，他們喜歡的是休憩與喘息，那就需要學習如何保持連續不斷。

禪修者若誠實而用心努力地去注意每個生起的所緣，就會獲得「專注」與「智慧」，前提是他（她）的「念」在最初與後續的刹那都夠強，然後他（她）會獲得自動注意所緣的力量。這特別會發生在第四個觀智（生滅隨觀智）時，行者會戲劇性地看見所緣明顯而快速地生起與滅去。

第五個內觀智（壞隨觀智）是專注於一切所緣的壞滅，在第四與第五個內觀智之間，「念」的移動速度似乎仍然稍慢於所緣本身。這對於每一位處於這種階段的禪修者而言都是眞實的，無論他們多麼認眞且持續不斷地修行。這都只是各種觀智開展的一個部分而已。

此時，有兩種策略可以應用。第一種就是如以前一般地繼續保持，盡可能仔細地標記並觀察一切所緣，在坐禪時隨著腹部起伏的動作，同時標記「起」與「伏」；在行禪時隨著腳的移動，同時標記「抬起」、「移動」與「踏下」。

另一種策略，禪修者就只是覺知每一個生起的所緣，但不標記它。

當注意力的動能保持很好時，「念」會奔向目標。禪定的兩個禪支——「尋」與「伺」（摩擦）會出現，正確地瞄準心，並集中於所緣上。「精進」會努力地推動「念」的覺知，直到它觸及並釘注目標爲止。

這股連續而強大的推動力，稱爲「衝入轉起」（pakkhanditvā pavattati，持續地衝向所緣）。要注意這裡的字首「pa」，它與「satipaṭṭhāna」此字裡的「pa」一樣，都是指「非凡」。這個「念」應該要有非比尋常的、近乎爆炸性的速度，它應該是「極強的」——極度的、密集的且持續的。於是，「念」將不會溜走、散去或離開。

當有高度的「精進」時，「念」也是如此。具足非凡的精進，心將不會從所緣溜走，而可獲得愈來愈高的觀智。

在修行的初期，行者必須下定決心努力（發勤精進）克服貪欲、瞋恨、昏沉、掉舉、疑等粗重的障礙。之後，我們就應用「策勵精進」持續提升精進力。這就如拿起一個東西，然後舉著它，不再放回到地上去一般，於是精進會變成「圓滿精進」。

使心柔軟需要炙熱的精進

我們現在描述的是「極強的念」。而「精勤」一詞意指「熱切的精進」出於《念住經》，它意味著「暖熱」的特質。「精勤」不應該是冰冷或疏離的，否則心會退縮與凍結，變得怠惰而靜止，就如放在冰箱裡的奶油塊一樣。

要使奶油變軟，就得將它加熱。而要使心變得柔軟可塑，就要使用「精勤」——炙熱、燃燒般的精進！

煩惱，尤其是疲倦與怠惰，會在冰冷的心中生起。而「昏眠」（昏沉與怠惰）會來襲，並障礙善道。怠惰使心衰弱，阻礙智慧的開展。要驅散昏眠，就要使覺知的準頭敏銳，正確地將覺知引導到所緣上。這樣能打開心，使心恢復朝氣。在此，精進也是重要的。

修行不穩定的修行者，都是那些以隨興、休閒方式修行的人。這些修行者的禪修很無聊——日復一日，他們體驗到的都一樣。由於他們的心並未觸及所緣，所以，他們什麼都看不見，什麼都沒發生，而「內觀進程」也未展開。

身體活動會使人疲倦，但是心則不然。心如果多加利用，就會變得愈來愈強，就如汽車在行駛時電瓶就能充電一般。

那些四處張望，坐著胡思亂想，或修行斷斷續續的修行者，需要受到老師的敦促。必須要告誡他們：「瞄準，集中！別讓你的心溜掉！請保持精進！」諸如此類的話。當禪修者如此努力用功時，動能會變得十分強大。如果禪修者的修行很認眞、恭敬尊重，而且持續不斷，他（她）將會有高度的「念」。

躍入突襲並抓住所緣

《念住經》的註釋書說，「念」應該是「躍入」（pakkhandana，急促加速或匆促前衝）至所緣的。只要所緣一生起，就疾速地注意它。所緣在此刻生起，但也在此刻滅去，所以，要用絕佳的「尋」與很大的「精進」去抓住它們。所緣滅去的速度和生起的速度一樣快！你必須以如此快的速度來抓住它，並且盡可能地貼近它。其他的事都不重要，你已沒有時間浪費在任何其他的事上，更遑論沉思、考慮或推測了。

沒有時間去問「為什麼」、「是什麼」或「怎麼做」。如果你停下來問，心就無法觸及所緣，會錯失掉它，並跌入黑暗裡。

如果你有「衝入轉起」——持續地衝向所緣，你就有良好或甚至是非常好的禪修。

爲了覺知所緣的本質，只要所緣一生起，禪修者就應該襲擊並抓住它。「隨觀」意指頻繁地觀修，這只有在所緣一生起，就以正念覺知衝向它時，才可能成功，然後智慧才能夠生起。但是如果所緣生起時，「念」並未出現，無明就會接管。不但會有無明，還會有無慚與無愧。離開了所緣，這個注意的心就會飛走。躁動不安、瞋惡、焦慮、惡意、昏沉與貪欲將會塡滿心，而持續或長或短的一段時間。

缺乏「念」的人，失去他們身心的所有權，他們讓煩惱當家作主。要想再度擁有你的身心，就要以即時的覺知襲擊生起的所緣！

煩惱地——具邪見者所居之地

在經典裡，六根門稱爲「地」，意指有某些事物生起的一塊區域。「煩惱地」即指一個被煩惱統治的領域，就是軟弱禪修者繼承的領地。

要襲擊在所有六根門生起的所緣需要勇氣，有時你會輸，有時又會贏。當你變得更熟練善巧與成功時，智慧將會生起。一位恭敬、勤奮的禪修者繼承的是智慧的領域——「慧地」。

這裡的要點就是，如果禪修者不以強力的「念」去觀察，則六根門就會變成煩惱地。當你習慣性地錯失所緣時，煩惱地就會不時地生起。

你日以繼夜地襲擊所緣，密切地注意在六根門生起的每一剎那經驗。現在，內觀智慧將開始爲你生起。相反地，如果你的「念」尚未即時觸及目標，煩惱就會取而代之地浮現。那麼，此時就沒有「智」，無明將會以它的兩種醜陋形式坐鎮，即單純的無知，以及會導致邪見的顛倒無知。

不仔細觀察所緣的人，將會對人生的本質充滿錯誤的見解，他們是「煩惱地」的無知居民。而其他人能逐漸清楚地了知本質，則將會安住在慧地。在「法」上來說，這兩者的差別可說一個就如貧戶，住在雜草叢生的空地上，從吝嗇的房東那裡租來的小屋裡；而另一個則是住在自己豪華舒適的別墅裡，周遭圍繞著智慧的美麗花園，享受著自由與成功。當然，我們說的不是世俗的財富，也不是在銀行裡的存款。

只是經驗生起的過程，並無自我

「地」的字義是「未開發的土地」，它可以是讓樹木生長、人類站立、動物放牧或靜物置放的地方。在六根門生起的這些所緣，可以看作是「地」，眼、耳、鼻、舌、身、意也是「地」。這其中並不涉及靈魂。

當我說話時，並不是因爲我有一個靈魂在說話，並沒有一個無以言喻的「自我」躲藏在我的身心背後。重點是要瞭解，「我」只是約定俗成的用法，可以讓我們比較簡易地談及身心的過程而已。如果我們仔細觀察，某些念頭以及一股想說話的心理衝動生起時，「我」就是一個用以討論這歷程的方式。「我」接著發出的聲波，稱爲「撞擊」元素。它們敲擊了所謂的「接收器」元素，也就是聽者的耳根。這並未涉及任何永恆的自我。當「撞擊」與「接收器」接觸的剎那，「聽」就生起。

「聽」這個經驗由三個元素組成——觸（接觸）、啓動（點燃）、受。首先是「觸」，「觸」要能產生，必須要有耳朵、聲音與意識。這三個元素會合的那一剎那就是「觸」，然後就啓動一個「聽」的經驗。這個啓動就只是一個心理經驗，並未涉及一個恆常的個體。第三，會有某些與聽見聲音相關的感受，那可能是樂受、苦受或不苦不樂受。這整起事件就只是個過程。

沒有「念」，無法獲得觀智

如果在「念」中斷的期間生起了「聽」，愚癡與無明就會隨之產生，一大堆的煩惱將會跳進來吵嚷喧鬧。除了愚癡與無明之外，無慚與無愧也會現起，造成缺乏良知或傾向於造作惡行。沒有「念」，就沒有「定」，於是心也將會不安與掉舉。

煩惱的種子在六根門的土地上成長茁壯，它們在那裡不停地長，除非我們具足「念」或睡著時。我們的人生可能變成一座煩惱森林，被有毒而醜陋的雜草淹沒而密不透風。當雜草接管了土地並繁衍與蔓延時，這很顯然是無益的。這塊地看起來雜亂醜陋，進入它甚至會有危險。

而人們的確具有劣根性，會希望彼此以及其他生命受傷、受折磨與死亡。如果我們沒有「念」，就會沉淪在這種衝動裡，導致身體受傷或傷害他人。在語言中，說謊、毀謗、粗魯殘暴的言詞或無意義的閒話，都可能生起。我們也可能覬覦別人的財產，可能抱持或散播錯誤見解，導致自己或他人犯下更多錯誤與惡行。我們的人生塡滿了傷害、愚蠢與無用，我們便因此沉淪而稱不上是眞正的人類了。

要清楚這點：沒有「念」，我們就不可能獲得能讓自己成爲有益且超凡之人的內觀智慧。

這就類似於我們繼承了一塊林木繁茂、雜草叢生而疏於照料的土地。我們需要剷除到處蔓延的雜草，它們使得寶貴的硬木無法呼吸。如果我們清除蔓延的雜草，種植更多的樹木，以及其他具療癒性與有益生態的植物，這塊地將會恢復它原有的美麗與平衡，而我們的資產也會變得更有價值。

慧地——了知生命本質者所居之地

六根的經驗是「心」與「色」的會合

舉例而言，當行者清楚了知「聽」的經驗時，就會了知到「觸、啓動、受」這三個元素。他會瞭解到，一切經驗都以同樣的方式生起——合乎法則，完全不需要任何自我或靈魂。

「念」介入，落在所緣上。在那一刹那，「刹那定」現前。「念」清楚地看見聲波是物質，或者它也可以對準其他目標——耳根或啓動的元素，並清楚地瞭解這些也都是不同形式的物質。或者也將會知道並瞭解，耳識、觸、感受都只是心理事件——各種心理的形式。更廣泛地說，行者會瞭解到「聽」這個經驗只是「心」與物質，識與聲音的會合。

當行者覺知到所有這些心理與物質事件時，他將會瞭解到生命的本質。這是第一個「內觀」（名色分別）——洞見「心」與「色」。行者將安住在慧地，爲個人的生命增添價值。

觀察呼吸時腹部起伏的禪修者，將會看到這個經驗的細節。他們會看到「升起」的動作是由一系列的片段所組成，而不是單一事件。「呼吸」或「起伏」，甚至「腹部」的概念，都會被放進「慧」的脈絡裡，生命的實際本質將會變得愈來愈清晰。

在剛開始時，禪修者必須費力使心與經驗的所緣一致。稍後，在生滅隨觀智期間，就不需要特別費力了。心有延展性、敏捷、可塑可用，強大的信心會在修行中生起，讓禪修者很熱切地嘗試去持續它，此時會有一種害怕與恐懼感，深恐發生任何中斷。這是「慚」與「愧」的一種形式，特別是在這個修行階段，禪修者的良心自動運作，幫助他（她）持續前進。在此時，他（她）也易於回想起過去的惡行，但已經具有新的瞭解，知道這些是由於缺乏「念」才會生起，就會下定決心不再重蹈覆轍。當心與身體都覺得輕快與柔軟時，通常便可以連續禪坐好幾個小時。

經驗之「地」將會清楚而乾淨，那塊地的主人會心滿意足，就如一塊地的主人在自己努力清除雜草並美化花園之後，注視著它而心花怒放一般。但是如果一位園丁未照料他（她）的園地，雜草就會蔓延。就這方面來說，身體與心就如花園一般，如果疏於照料，煩惱的種子就會生長；但是如果花園受到悉心照料，它就會美麗且成果豐碩。

如果你用非凡的「念」抓住所緣，你就搬進了慧地。但是如果你未如此做，煩惱就會茂密地發芽生長，而你就會被困住，注定要居住在煩惱地了。

注意當下的所緣，即看見其真實本質

行者只有在注意並觀察當下生起的所緣時，才會看見它的眞實本質，沒有比這更基本的道理了。「慧」意指明確的、清楚的、敏銳的、直接的了知，「法」是實相的眞實本質，它只有在實際看到、聽到、觸到、嚐到、嗅到或想到的當下，才能被看見。當腹部隨著呼吸進出的過程而起伏時，當坐下來時，當行走過程中腳抬起、移動、踏下時，當轉身時，當吃飯時，當睜開眼睛時，這就是所緣的眞實本質，是能夠被注意的覺知抓住的時候。

我們必須以強力的、急迫的、快速的覺知，注意當下生起的所緣，一切的活動都包括在這項指導之內。「念」能夠並應該只撞擊在當下生起的所緣上，過去的所緣已不存在，未來的所緣尚未生起，這些所緣都不是現在，所以不能夠被確認。佛陀從未推薦過不確定的所緣。

迷失在想像中的修行者們，活在過去與未來當中。他們可以禪修一、兩個月，甚至好幾年，都沒有任何特別的結果。他們浪費了自己的時間。

一切在當下生起的所緣，都需要以完全的力量與正確的瞄準去觀照。抓住一個又一個所緣，行者的「念」會變得愈來愈強，他可以清楚準確地看見現在發生之事的本質。

例如，如果行者在吃飯時保持覺知，他會清楚而確定地知道所有食物的滋味，他可以清楚地辨別酸、甜、苦、辣、鹹、鹼、澀等七種滋味。此外，他還會知道對於食物所生起的任何與所有的心理反應。每一種食物都有一種滋味，觀察的所緣也是如此。

行者透過直接的觀察而體驗到，身體就是四界（四大元素）的互相作用，而這些直接展現爲感覺。例如，我們在身體上體驗到的堅硬、柔軟、粗糙是地界；水界則由濕、流動、滲流的感覺所組成；火界則由熱、冷、溫與輕等感覺所組成；風界則是移動與支持，以及振動、穿刺、緊繃或僵硬。沒有任何感覺不是四界其中之一的展現。

這四界中的每一界都有它特別的性質或作用，所以這些界也稱爲「自性」，意思是它們即時存在，或現在正生起。它們過去不存在，將來也不會存在，它們就只存在於現在這一刻。它們不是由概念間接生成，而是於現在由直接的覺知看見。

要直接注意感覺而非概念

巴利語「名色」即指「心與身」，所有在當下經驗到的生起所緣，都是我們的心與身的現象。我們也稱「名色」爲「心與物質」或「心理與物質」。兩兩成雙的身心組合，其中每一個成員都有各自的本質與特性，那是禪修者必須要了知的。

當我們集中注意力在腹部的呼吸過程時，如果心裡有個腹部的影像，或是有任何關於它的形狀的心理觀念，這些都是「概念」。甚至標記的「起」與「伏」，都沒有準確地對應到感覺——「起伏」也是概念。行者必須聚焦在他自己的感覺上。感覺是直接的經驗，概念則不是。

關於腹部任何狀態的感覺都是相同的，例如「膨脹」與「收縮」。這是「形相概念」，是一種不代表當下存在方式眞實本質或自性的概念。同樣地，我們要尋找的也不是「起」與「伏」的開始、中間與結束各階段。行者必須完全地注意「起」與「伏」本身，不要有關於它開始，中間或結束的其他單獨想法。當我們將「念」直接集中在腹部呼吸起伏的過程時，就會直接了知它的眞實本質之味（作用），亦即體驗到的僵、硬、移動、溫暖與其他感覺。這些都即時地發生在當下，未介入任何概念。

要了知眞實本質，我們就必須直接注意並觀察身心的過程，就在它生起的那一剎那，我們就會看到「究竟實相」。可以被直接觀察看見，而沒有概念介入其中的，就是究意法

（勝義）。

在修行剛開始時，心常常落入概念裡，例如「起」與「伏」的概念。在開始時，那是沒問題的，也是正常的。在修行初期，覺知總是比較淺薄。在你可以連結覺知與眞正的體驗之後，例如「升起」時的緊繃、僵硬或移動，觀智才會生起。這些只有在「升起」正在發生時，才能依序察覺到。「緊繃」的體驗是「色」，知道「緊繃」則是「名」，直接了知兩者之一就是「慧」。

能辨別「名色」，即踏上觀智之道

你不再把心與身體看成混合或黏著在一起，你清楚辨別它們是兩個。你會在所謂的「升起」裡看見一連串的緊繃，而你也會看見「了知」的一連串剎那。以如此的方式「看見」即是「智慧」，你已經踏上了內觀智的道路。

如果你看見「升起」裡的緊繃、僵硬與移動，那麼，你的覺知是正確的。隨著修行一點一點地進展，心會愈來愈接近所緣。所了知的會愈來愈多，你將會看到更詳細的身體與心理的經驗。

這可以用「一排螞蟻過馬路」來比喻。「一排螞蟻」是個概念，「移動的生物」仍然是概念。當我們辨別出個別的螞蟻時，就好像是看到了眞實的本質。如果你想知道某個所緣的眞實本質，你就必須標記並觀察它，那麼，你將會以一種卓越非凡的方式了知它。

讓我們舉「坐下」爲例。「名」與「色」都在，「坐下」是一系列的心理與身體事件。如果沒有動機（這是心理），就不會坐下。「坐下」的動機是從個體的靈魂爆發出來的嗎？不是的。如果你直接體驗它，你就會看到除了心理過程之外，別無其他。「坐下」的身體事件（移動、重量與接觸等）又是如何呢？這些身體事件證明「自我」的存在嗎？再次地，沒有！如果你在「坐下」發生時觀察它的過程，你將只會發現一系列的動機與動作。如果沒有這個直接的觀察，任何人都會認定是「我」在坐下。這是把不存在的當成存在，這就是錯誤的見解。

當行者恭敬、謹慎、勤奮與仔細地觀察「坐下」時，他將會發現一系列的心理動機與身體動作，這是慧地。如果行者未仔細觀察這個過程，他將不會發現或學到任何事，這就讓人落到煩惱地。事情就是這麼簡單，動機是「因」，動作是「果」，如果沒有「因」，動作就絕不會發生。這其中並未涉及任何「最勝我」（無上的存在或靈體）或自我的概念。這些感覺不是一個「人」，動機也非關乎個人，只是一個心理事件罷了。

無法這樣修行的禪修者將完全不會了知自己的任何事，他們將持續在任意多變的概念、虛妄的假設與錯誤的見解的領域裡運作。在一分鐘裡，這些人經歷了六十秒的「不知道」。在五分鐘裡，他們體驗了三百次無知的困惑。在一小時的三千六百秒裡，這些人將什麼都不會知道。在許多小時裡，就會累積非常可怕的困惑，將事件歸咎於不相關的原因。心將會變得雜草叢生、黑暗，並纏縛在誤解之中。

如果我們不想活成這樣，我們可以修行「如實智見」——依照實相來看見與了知。如同歷代老師與論師們已經告誡過我們的，要達成此事的方法，就只是以「躍起念」（衝向所緣）注意每一個在當下生起的所緣。

佛陀的藥方就是爲你而開

斬斷煩惱的相續之流

煩惱以粗、中、細三種程度來襲。粗煩惱是違犯煩惱，展現在身行或語行上；中煩惱是纏縛煩惱，箝制並折磨著心；而細或潛藏的煩惱（隨眠煩惱）則潛伏在表面之下，只有在條件相應的狀況下才爆發出來。

這三種程度可以用瘋子來做比喻：一個是清醒並有行動力的瘋子，一個是剛剛醒過來的瘋子，另一個是熟睡中的瘋子。火的比喻也很好，違犯煩惱就如森林大火，纏縛煩惱就如燃燒的火柴，而隨眠煩惱則如含有硫磺的火柴頭，或是如火柴剛剛擦出的火花。但是很快地，這一點星星之火就會碰上易燃物，而開始燃燒。

在我們誕生時，隨眠煩惱就與我們一起來到世間，它們與名色之流一同生起。只要未被察覺，這些隨眠煩惱就串流成河，持續流動。這條稱爲「相續」（santāna）的河流生成的原因，是由於內在潛伏的煩惱尚未被內觀禪修斷除。這些內在煩惱一直都在，黏著在我們所有的感知上。每當遇上合適的狀況，亦即我們無法完全控制自己或心態時，它們就會變成纏縛煩惱或違犯煩惱。我們有一些一觸即發的「按鈕」，它能啓動強化的貪愛與具破壞性的心理模式。

這條「相續」之流跟隨著每一個眾生，植入意識之流內並且整合在一起。註釋書將這種持續的煩惱比喻成瘧疾。受感染的病人在初發作時，會發一場高燒。這場嚴重的攻擊，就如違犯煩惱。而醫生會採取退燒的措施，然後它每兩、三天就復發一次，這就如纏縛煩惱，它間歇性地折磨著心。最後，病人開始接受瘧疾藥物的療程，不再發燒了，但是病原體仍然留在身體裡，這就如隨眠煩惱。如果病人停止服藥，疾病就會再度復發，但是如果病人勤快地服藥，這藥將逐漸地消滅寄生蟲的數量，直到它們完全從身體裡消失爲止。

煩惱從任何根門或所有六根門的接觸生起，當身體與心理所緣生起，而行者失念時，將看不到它們的本質。一切所緣都是無常的、不滿足的（苦），而且無法主宰的（無我）。但是缺乏覺知的人，看見的卻是一個堅實的世界，充滿了恆常的事物，有值得抓取的感受，以及令人厭惡或渴望的人。這種反應也稱為「所緣隨眠煩惱」（與所緣有關的煩惱）。

如果行者不知道「念住內觀」，也無法清楚辨別心與身，心就會偏離而無從看見眞相。它反而會建構一個恆常的自我，並且企圖依賴這個觀念。這意味著它將會誤認內在與外在所緣是眞正堅實恆久的，而這是愚痴的錯覺。當缺乏正念時，隨眠煩惱就黏著在所緣上，創造出一條相續的迷惑之流，讓我們背離事物眞實存在的方式。隨眠煩惱不僅遮蔽心，也迷惑心（這本身就是一種苦），它們也容易爆發成十足纏縛性的攻擊。纏縛煩惱造成內在壓力，演變成違犯性的行為，而違犯的行為又會招來果報。當這整個連鎖反應走完時，一生或甚至好幾生可能都已經毀了。

相反地，如果禪修者思惟每個在當下生起的所緣，用心瞄準它並與它一致，他（她）的覺知落在所緣上並且釘住它。那麼，他就能清楚且如實地看見所緣——它瞬間即逝，無法帶來持久的寂靜或苦惱。行者在如此思惟所緣的那一剎那，就覺得或許不需要採取任何行動，所緣就會自行離開。同時，隨眠煩惱也暫時被切斷，反應不再生起，也可以開始感覺得到一顆獨立之心的寂靜。這仍有一種連鎖反應，但是會朝往另一個方向——善的方向。

當修習「念住內觀」時，如果對所緣的觀察是隨興而膚淺的，心就會變得有如一頭牛在反芻牠一路上吃過的草一般。有些禪修者可以坐在那裡，反芻他們過去曾經體驗的所緣，而且持續很久、很久，這就是煩惱現前的明顯徵象！這種禪修者囤積煩惱，好一再地重複咀嚼。然而，如果對所緣的觀察是精勤而專注的，就會沒有反芻，也沒有囤積過去正面或負面的事件，行者就只是與正在生起的所緣同在。

那麼，這樣的修行比較像是照相。外在所緣反射出的亮光，就有機會到達底片。

要避免囤積煩惱，你就必須注意當下生起的所緣。這必須要說一千次——「念」必須先觸及所緣，不讓煩惱有任何機會。那些戒律基礎不穩固，或讓心四處晃盪，或不尊重正在進行的禪修而不注意所緣的禪修者們，就會被煩惱所折磨。禪修初學者常被說是煩惱厚重，這是因為他們對修行方法尚未真正熟悉，但如果假以時日，並且真心誠意地修習，他們將學會如何實踐教導。每個人在某個時候都曾經是初學者，即使阿羅漢也不例外。

以戒、定、慧之藥治癒心的疾病

未覺悟的世俗中人一般都受到煩惱的蒙蔽，他們周旋於種種瘋狂與炙熱燃燒之中。他們出於貪愛而行動，導致受苦於狂亂的貪愛；出於瞋恨而行動，導致受苦於狂亂的瞋恨；出於愚痴而行動，導致受苦於狂亂的愚痴。在這一切之外，他們也受瘋狂的憂愁與邪見（例如恆常的觀念）之苦。所有這些都是心的疾病。

「法與律」是佛陀給予的方法，可以斷除所有這些痛苦的心理疾病。如果將「法與律」

運用於生活上，我們的痛苦折磨將會痊癒。但是這並不容易。

有些瘧疾患者將他們的藥吐掉，或是推翻裝有指定食物的餐盤，並離開醫院。「念住內觀」是一種要求嚴格的修行，你注意所緣一、兩次後，你的心會突然跑掉，這發生在每個人身上。如果你不立刻將心帶回到當下生起的所緣上，那就如把藥吐掉。有些禪修者，對於修行方法因不夠有信心而放棄，那就如把食物餐盤推翻一樣。念住內觀的食物與藥品，並不那麼容易服用，老師必須保持耐心，直到禪法完全進入並且充滿了他們的身心為止；禪修者同樣也必須有耐心與勇敢。

當行者服用了藥物或營養豐富的食物時，新的物質就會在身體裡形成。同樣地，「念住內觀」也能夠讓驚人的發展生起，將心提升到一個程度，使人可能想要宣稱：「哇！世界在我看來眞的不同了。在我禪修之前，我從來無法想像，心有可能這麼自在！」這是由於信、進、念、定、慧等心所的力量，它們因修行而增強了。

佛陀是一位偉大的醫生，他已經開給我們藥方。他就如一位專業藥師專家，調配了訓練藥方，整合戒、定、慧成爲一種強力有效的療劑。他也如一位有良心的研究者，自己先親身試藥，發現它安全又有效之後，他以「一切知智」檢視這個世間，看見其他人也可以服用它。從那時起，這個藥方就開始廣爲傳播了。

確實存在著一群人，他們已經止息了煩惱。在不還果的階段（覺悟的第三個階段）就已經沒有「貪」與「瞋」了。如果你試著想像這種狀態，你毫無疑問地將會發現，它是一個值得奮力以赴的目標。別以爲它超過你的能力所及，佛陀的藥方就是爲你而開！

服用法藥殺死內在的病菌

人們在身體受到疾病侵襲時，就會去看醫生。但是一般的醫生無法治癒我們最深重持久的疾病，而佛陀已經承擔起這個責任，他的「三學」有足夠的力量，可以斷除使我們受苦的所有煩惱。我們可以將禪修稱爲服藥練習。要練習「藥物治療」，我們首先要建立一個合乎道德、健康平衡的生活型態，這個基礎讓我們可以服用強力的「定」與「慧」之藥，它們殺死內在的病菌。這些是強力的特效藥，但是我們得依照佛陀的指示來服用，而且我們知道這些藥很可靠，因為佛陀已經首先親身試用過了。然後，他又把這個方法試用於一個控制群組——他的第一批學生，他們的解脫就記錄在經典裡。

當今的「僧伽」——修行聖眾，仍然繼續服藥。我們應用「法與律」壓制著煩惱，並朝向治癒苦惱的目標前進。過去幾千年來，有許多人已經治療了他們的痛苦，甚至已經康復痊癒了。

修行者的心會變得冷靜而精細，證得入流時，斷除了所有與惡道有關的煩惱，再也沒有任何會導致我們投生於惡道的強力煩惱。入流者不會再有任何違犯五戒的衝動，他（她）也在根本上瞭解佛、法、僧是可靠的皈依處。

煩惱必須驅逐！知道事實上這是可以辦到的是個很大的慰藉。如果你尚未體驗過道智與果智，試著想像，如果心能免受煩惱的影響，會是多大的慰藉。如果你已經至少體驗過一種道、果位，那麼，就考慮進一步的可能性。你是否要享受完全清涼與安詳呢？

如何服用佛陀的法藥？

你當然可以透過服用「法藥」而重獲健康，尤其如果你注意下列幾個重點：

你必須聽從醫生的指示。

你必須規律地禪修。

你必須有效地禪修，不可斷斷續續。

你必須完成整個療程。

佛、法、僧都無法幫助一位不聽從指示的禪修者，使他（她）進入修行。而一直變換醫師，也無法獲得痊癒，你只會變成一個慢性病人。

若只服用一部分的藥，幾乎比完全不吃藥還要糟糕。如果你只遵從其中一個建議，卻忽視其他的，那就猶如吞服了開立的藥丸，卻沒有食用應該搭配的營養食物一般。這個藥可能傷害你的胃壁，讓你比以前病得更加嚴重。同樣地，自認爲是有力的禪修者卻輕忽戒律，那就使心的疾病變得極度難以治療。

「戒」就如修行的嘴巴。嘴巴只有在它肯張開，張得夠大且完整，沒有任何創傷或潰爛時，才能提供食物給身體。「戒」也必須夠強大，且未受損，才能用「定」與「慧」來滋養心。

如果你完成這三學並達到入流，你就不再相信有一個靈魂，或相信有個恆常的「自我」。你會看一切眾生都是由身、心所組成，只是從「因」流到「果」的一條相續之流。你會對「法」的教導不再搖擺不定或懷疑，因爲你已經瞭解它們是如何與實相的本質相關連。你的心會變得比較輕鬆，不再像以前那樣感到有炙熱、惱人的衝動，這份安穩的感覺是值得擁有的。

如實觀察，解開自己的纏縛

直接覺知所緣，去除顛倒見

在「念住內觀」裡，從來不是透過思考、閱讀或討論來「發現」。要瞭解心身（名色）本質的唯一方法，是以直接的覺知觀察在六根門生起的所緣。

藉由正確地觀察心理與物質，「智」與「明」會生起，行者將清楚地瞭解到並無個別的靈魂，其實只是身心事件的相續之流罷了。當行者沒有在六根門觀察當下生起的所緣時，就不會有清楚的見解，因此也不會有觀智。從未接受過直觀指導的人，在這些過程生起時，會傾向於不去直接觀察它們。因此，他們永遠無法如實地體驗事物，反而將所見當作一個混合體，這種錯誤感知稱爲「想顛倒」。

如此，當他們「坐下」時，會誤解這個過程而認爲「我正在坐下來」，或「有個男人（女人）正在坐下」，這種一再重複的錯誤感知，就是造成我執的原因。

這尤其會發生在「心」的情況，心理事件幾乎毫無例外地被解釋爲代表「自我」。更確切地說，在所有根門的體驗過程——見、聽、嗅、嚐、觸、想——都累積在一起而被當作一個整體、一個混合的意識體，這個混合體就被認爲是一個「人」，被某人所「擁有」。以這種錯誤方式觀察身心過程，看見的是一個「人」，而非只是心與物質的生起，這便稱爲「見顛倒」。

無法如實看見當下生起的所緣，即稱爲「不明瞭的」。「不明瞭的」是邪見的基礎，我們執取一個混合體，並將它詮釋爲「自我」、「靈魂」、「人」或「個體」。

實際上，是心發起活動，先有一個衝動，然後活動才生起。人們也認爲心是持續不變，但事實上它不斷地變化著，它生起又滅去。相信靈魂或個人實質存在的人，甚至認爲即使肉體死亡分解之後，意識也仍然活著。

唯有直接的、正念的覺知，最後能夠向所有人證明眞相。然而，要能夠從自我或靈魂的信仰中解脫出來，禪修初學者們也需要聽聞一些理論性的說明。討論、解釋、開示與面談都提供了一個初步而基礎的理論瞭解。然後，禪修者可以向前行進，並在修行中驗證

「自我」或「靈魂」的觀念並不符合實相。

心是一回事，身體又是另一回事

老師必須先說明學生將會看到什麼，之後再證實學生的報告。很常見的是，禪修者對這個「無我」的洞見會感到驚訝，因爲那與習慣性模式完全相反，而且通常也伴隨著一種輕鬆感。例如，在坐下時，不僅是一個初始的動機而已，而是一連串的動機，每一個都跟隨著身體事件。身體與心理事件的整個過程，以一種交互相續的方式發生。看不到一個自我並不令人痛苦，而是令人喜悅的，就如放下重擔一般。

在禪修剛開始時，藉由覺知明顯的身體感覺，你會了知身體（色）。當「念」增長強大時，你將能夠辨別心——動機。你會看到，動機是一回事，而身體事件又是另一回事。如此，你便能夠辨別心與身體，而不是將它們混成一團。

這稱爲「名色如實智見」（如實地知見心與身體），當你能夠以這種方式來看時，你會立即瞭解到，一個心理動機並不會構成自我或靈魂，這整個過程也不包含、構成自我或靈魂，並不是有個靈魂或自我在坐下來，這只不過是有個過程正在發生而已。也許「我正坐下」這個想法會在過程中突然出現，然而這並不會干擾到「觀」——念頭也僅僅被視為一個心理現象而已，最後就會自然滅去。換句話說，當你以持續的「念」來感知身心的整個過程時，「我」的這個念頭是無常而瞬間消逝的心理所緣，就會變得明顯。也不會再出於無明，而賦予它特別但其實不值得的特質，那是看不清楚「不明瞭」。

為了要獲得這種觀智，行者必須要親近老師。聽聞這些教導然後修行的人，最後將會達到一個直接的定見：「是的！這是正確的。只有名與色。」這是內觀的道理。

當禪修者獲得觀智時，也會生起信心與自信。隨著觀智的進展，微弱的觀智與自信會增長成為強大的智解與信心。看見心是一回事而物質是另一回事，變成一種綜合的智解，可以適用於過去與未來的所有活動，也對任何人都有效。

身心過程稱為「各別蘊」——心理與物質的各別諸蘊。這是它的真正本質，觀察者將會清楚地看見。但是如果未清楚看見這些蘊聚，就會被「我見」認爲是一個混合膠著成的個體。「各別蘊見」（sa-kāya-diṭṭhi）是指看見「身心僅僅是各別的心與物質」的見解，這見解不只是個佛教教理，其實它是一種直接感知，由直接的檢視所產生。

從錯誤的我見跳轉出來，是一種清淨的形式，稱爲「見清淨」（見解的淨化）。這意味著關於「心與身體本身是恆常的，以及它們代表著一個恆常且獨立存在的自我」的這種想法，已經完全斷除。自我被視爲是想像的，如果不仔細觀察，我們毫無例外地全都會認爲有個自我或靈魂，甚至連佛教徒也是如此。

在身心過程背後，沒有一個「人」

「凡夫」一詞指的是尚未證得入流的人。這種人並未看見實相，或說無法如實地看見心與身，反而會形成「有一個人或個體」的觀點。他們認定有一個自我作爲中心，控制著他們的經驗。這是一種邪見，會帶來巨大的痛苦與挫折。

「如實」意指「符合實相」。當行者依照實相去看時，就看見一個相應的「因」連結到一個相應的「果」，整個人生不過是因果關係的相續。當行者能看見因果的運作時，他就能以合乎事物眞實存在的方式來行動。如果行者的假設是被誤導的，那麼他的反應也會一樣受到誤導。

坐下或起立的過程只是物質與心理的流動，如果沒有動機，就絕不會有過程。由於有個心理現象，另一個才會生起。例如，如果眼睛沒有轉向一個視覺對象，或即使轉向，但注意力卻在其他地方，就不會有「看見」發生，心必須觸及所緣。當你觀察著腹部的起伏時，如果你未觀察任何其他所緣，就不會注意到或了知它們。「作意」（注意力）是心的舵手，如果沒有「作意」導引心朝向某個所緣，那個所緣就絕不會被知道。

有時，某個物質所緣是「因」，而心理所緣是「果」。如果有一個物質所緣出現，行者可以了知它，而「意識或了知」就是此時作爲物質所緣所生之「果」的心理事件。相反地，如果沒有所緣出現，就沒有了知。例如，在修行時，起伏的動作可能變得十分微細而無法感知，這樣就是沒有意識到它們。沒有「因」就沒有「果」。

物質所緣也可以是其他物質所緣的「因」。例如，當我們碰觸到一個冰冷的東西時，某個身體反應就發生了；冬天的寒冷天氣，導致皮膚乾燥與龜裂；夏天的炎熱，則導致流汗與疲憊；飢餓帶來虛弱，以及最後的身體衰敗；而吃進食物，身體就會恢復力氣而得到滋養。所有這些都是由物質的「因」，而產生的物質的「果」。

「因」與「果」必須透過相應而連結，只有相應的「因」才能導致相應的「果」。

如果行者不如實地觀察，迷妄就會生起，它會以模糊不清或猶豫不決的方式呈現。

一般人的迷妄變得非常厚重，如果沒有觀察，「命我」（個體靈魂或自我）的想法就會生起，對於「最勝我」存在的信仰也會出現，隨之而來的是，對於那個想像存在體的崇拜。

有些人則相信命運，認爲一切都是預先注定的；其他人則相信偶然，事件可能毫無理由就發生了；還有人則杜撰或假設原因，例如相信一切都是由「最勝我」所造，這些都是各種形式的錯誤見解。而相信事物發生只是由過去生的「業」所產生，這也是不夠正確的，這種不正見稱爲「宿作因見」。事實上，事件與經驗發生的原因，也包括了意識、溫度或氣候與營養素。

以觀智看見「因」與「果」（智見），行者就親自了知眞相，而非因爲別人所告知。在「因」與「果」變得清楚的觀智階段——如實智見，所有的疑惑都已去除，在當下便看見「因」與「果」。然而，它們的機制對於過去與未來的一切時刻，也都是有效的。

「最勝我」無法被看見，「如實智見」也消除了「愚癡執著」（出於厚重無明、猶豫與困惑的黏著），它具有完全的特質，也就是看見除此之外別無其他——沒有「命我」，也沒有「最勝我」。辨別「因」與「果」是「緣攝受智見」——非常清楚明白、直接可見與獨特的觀智，這個特殊的洞見衝擊心，它所帶來的清明實在難以形容。

無明、渴愛與執取是此生與一切過去生的「因」，它們也會導致來生，除非禪修者就在今生、當下處理它們。在禪修的這個階段，修行者會感覺到行爲（業）的「因」源於無明、渴愛與執取，而未來也將是如此。

行者在許多議題，例如：「神是否存在？」「事情爲什麼發生或不發生？」以及「爲什麼我們未必能控制事件的結果？」終於可以採取堅定且必然的決定。這個洞見消除了錯誤的信念與認知，在這些地方他將不會再有任何困惑。

斬斷三輪，不再轉生

「輪迴」是痛苦與折磨的流轉，在困惑的整體氛圍中，一個煩惱導致另一個煩惱。然而，清楚的分析顯示「輪迴」是由三個連鎖的循環建構出來的，它們是互相關連的因果鎖鏈。第一輪是「煩惱輪」（kilesa vaṭṭa，煩惱或痛苦的循環），由無明、渴愛與執取組成。它也是第二輪「業輪」（kamma vaṭṭa）的基礎或「因」。「業」意指「有意的行爲」，它可能是善的、不善的或中性的。這些行爲接著會導致結果——「異熟輪」（vipāka vaṭṭa），它以多種方式發生，有些立刻就發生，有些則間隔比較久。它是輪迴的第三輪。

通常這三個「輪」一直不停地旋轉著。要瞭解它們如何運作，我們將使用各種比喻來說明，首先是以樹的比喻開始。

樹苗的例子

任何樹木的生命力都在於它多汁而營養的樹液。樹液遍流於樹木中，使它得以結果，果實適時成熟而落地，並散播種子。新的樹苗會發芽生長，當它們成熟時也會結果，而果實是酸或甜，則依種子的本質而定。但是，如果樹苗沒有獲得空氣、水、土壤、風與陽光的助力，它就會枯萎而不再繁殖下一代。

有人說煩惱是濕潤、潮濕、黏稠的，就如樹液一般。在這個比喻裡，煩惱輪就是樹液，而業輪是果實，異熟輪則是從種子發芽而生長出來的新一代樹苗。這個比喻在此特別適用，因爲異熟輪包括「結生」（再生爲一個新的存有）。每一個新的出生，只要煩惱仍然活著，就會有業果，而這些又會再度生出許多異熟的更新世代。

就如氣候滋養樹木一般，人類、天人、梵界的欲樂，讓煩惱的樹液持續流動。

在這三個「輪」當中，煩惱輪是最重要的，因爲它是另外兩個輪的「因」。不論何時，只要你去除了「因」，它的「果」也就自動解決了。所以，只要枯竭煩惱輪，就不會再有「業」，「果」——不再轉生。

「加行」一詞適用於如「念住內觀」這種能摧毀煩惱的活動。內觀修行能打斷在「樂、苦、不苦不樂經驗」與「生起的相關煩惱」之間的連結，就在反應通常要開始的那一刻，「念」介入取而代之。這也是為何在修行時，確保「念」與生起的所緣同步，是如此重要的原因。

如果一棵樹不再能夠獲得氣候的助力，它就會枯萎、死亡。凡是已經直接看見自己內心的人，都會很容易瞭解這個關連性。

無明是煩惱的根本

我們已經看到，煩惱是業與再生的「因」。無明、渴愛與執取則是組成煩惱輪的三種根本煩惱。在這三種裡，無明是最重要的，它是所有其他煩惱的「因」。沒有無明，其他煩惱就不會生起；所以，擊敗無明是關鍵所在。身為其他煩惱的始作俑者，無明不僅要為整個煩惱輪，也要為業輪與異熟輪的發動負責。

雖然無明的基本意思是「不知道」，但在此脈絡裡，它特別意指不知道四聖諦。正是對四聖諦無知，才使得輪迴持續流轉。

如果不瞭解四聖諦，行者就會在所緣生起時對它感興趣；換句話說，就是渴愛它。接著，心就會去執取它。這是基於錯誤見解——一種自動而純屬意識上的假定，以為每一個與一切所緣都擁有恆常性，並能為我們帶來快樂。然後，這個所緣當然會消失滅去，而我們則什麼也留不住。錯誤見解是讓執取強化堅固的重要角色，它繼而驅動錯誤的業行，讓自己與他人一直陷入痛苦之中。

無明必須斷除！幾乎沒有比這更重要的重點了。

砍斷頭！

在佛世時，有位年輕的隱士，他的老師想要知道佛陀是否眞的已成佛。由於這位老師已經年邁，就叫這位年輕隱士去聽佛陀說法，並於席間靜靜地在心裡問兩個問題：「頭是什麼？如何砍下這個頭？」這些神秘問題的意義似乎模糊不清，但這位年輕隱士仍然聽命行事。

佛陀中斷了他的開示並說：「頭是無明（不知道），『智慧』（明）是砍斷頭（無明），了知四聖諦之智。在這四者中，必須增長第四聖諦。行者以此『智慧』從無明中獲得解脫。」

無明被稱爲痛苦的「頭」，因爲它維持了所有痛苦的循環，就如頭包含了腦與大部分的感官。砍斷一個人的頭，就等於他身體與頭本身的死亡。斬斷無明，也終結了所有層面的痛苦。

問題來了，「智慧」是斷除無明所需的唯一一件東西嗎？佛陀的精要回答已經解決了這個問題。他說必須增長第四聖諦——八聖道，而我們先前已經討論過，「念住內觀」如何能夠增長所有的聖道支。

就如三種「輪」依循著因果作用的順序一般，「智慧」的生起確實也是因果作用的結果。但不幸的是，「智慧」不會自己生起。即使佛陀本人，也必須要非常勤奮地努力。他留給我們「法與律」，好讓我們可以複製他的成果。如果我們什麼都不做，只是繼續過著一種不善的、輕忽而放逸的生活，那麼，這三種「輪」就會持續轉動，因為既沒有生起觀智的「因」，也沒有滅除無明的「因」。

增長觀智的因素

當行者修習「念住內觀」時，內觀智慧是基於下列五個因素而增長：

一、信：信心與自信。

二、欲：想要修行的意欲。

三、精進：觀察應觀察的、遠離應該要捨斷的精進與勇氣。

四、念：用心注意。

五、定：專注與集中。

當這五個全部都出現時，智慧就能增長強大到足以斷除煩惱。「無明」是輪迴中所有痛苦的「因」，甚至是生死循環的「因」；「智慧」則斬斷無明，因而終結了所有我們體驗到的各種形式的壓迫。但是這種「智慧」並非透過閱讀書籍就能獲得的那種知識，我們無法透過分析、討論或聽聞去終止無明。如我們先前已談過的，解釋義理當然有其地位，但我們終究必須產生「修智」——禪修的洞見，這種清楚的「看見」，只有在專注的心直接並準確地落在所緣之上時，才能夠發生。

準確是「定」的一個面相，而「定」是「修智」基本且立即的前提。只有在「剎那定」出現時，「修智」才能取代無明生起。

「定」並不會自己生起，必須要有持續的「念」。反過來說，爲了要持續「念」，就需要極大的努力——精進。「精進」是指引心朝向所緣的力量，它一直推動著心，掌握著心，直到所緣清楚可見。

「精進」還有另一個面向——勇氣。修心並不是件容易的工作，一路上有著內在與外在的困難，我們需要力量去遠離不善法，並下決心去作任何必要的事以增長善法。

而如果缺乏想要獲得內觀智慧的熱烈意欲，也不可能會有勇氣十足的「精進」。一個人可能也會嚮往「念住內觀」的利益，由於尚未親身體驗過利益，他必須感覺到某種程度的信心，他必須相信利益的確存在，而且自己也可以獲得那些利益。

因此，「信」是增長內觀智慧所需的第一個因素。學生必須對教法感覺到某種信心，他必須確信「這是正確的」，基於這個信心，以及想要獲得利益，才會去閉關中心，在那裡做必要的努力。由於這個精進，結果是生起「念」，心落在所緣上，「定」得以增長。現在，能夠生起內觀智慧了。

有些禪修者能直觀名色與因果，之後他們可能進展到直接洞見一切事物的無常。

每個人都會按照他（她）的努力而獲得觀智，當光明來臨時，黑暗就被驅散了。這是自動的、自然的與肯定的。

於身體內在生起的一切因果鎖鏈終究是「苦諦」。你透過修習「念住內觀」而看見它，在看見它的同時，心也就自動放下了。如果你不修行，你將只會持續把身體的運作過程當作是美好而有益的，當作是快樂的可能源泉。你將會渴望更多的見、聽、觸、嚐與思考，無論什麼生起，你都會去執取。但是因爲事物原本就不可能盡如人意，於是就只會帶來更多的饑渴與挫折。

當行者清楚看見了感官過程的本質時，就會認出它們本具的危險與限制。這些事物瞬間消逝，無法令人滿足，也不受任何人控制。關於它們的無明已被斷除，所以，渴愛與執取不會再生起，業與果報也是如此。這就是「斬斷三輪」的意思，這眞是解脫啊！

擺脫無明是人為自己所做最好的事

樹木裡的樹液必須有周遭的氣候支援，否則樹木就會死亡；同樣地，煩惱也需要「人界」濕潤的感官之樂的支援。一般人都貪求迷人的景象、甜美的聲音、可口的滋味、輕柔的觸感、高超的思想，環繞著這些愉悅經驗，執取與無明不斷地累積。

讓我們誠實面對吧！貪愛這些來自感官享受的快樂，只意味著我們貪愛樂受，這相當粗糙。然而，由於無明，人們會認爲除此之外，沒有更好的快樂形式可供選擇。唉！我們就被困在欲界中，沒有任何經驗不會消逝，都只是讓我們更接近死亡而已。擺脫掉對於感官欲樂的無明，是一個人可以爲他（她）自己所做的最好的事。在眞實面上，感官欲樂是非常危險的。

當注意與觀察的力量變強時，禪修者會看見所緣的快速生滅。隨著這個「觀」的階段，會生起一種特殊的法喜。品嚐過此滋味的人都會同意，那比感官欲樂要好太多了。

我們會描述「內觀智」的某些階段，以鼓勵禪修者們，也讓他們大致瞭解修行正當的進展。但是在此有個重要的提醒：分析自己的修行，嘗試判定已經達到哪個階段，是沒有幫助的。這是一位合格老師的工作，他瞭解方法。密集修行的禪修者只要記得一件事——當你沒有「念」時，無明就會生起，絕對不要忘失「念」！

以八聖道抵達無明的終點

無明的起點是找不到的，但它一定可以有終點。根據佛陀的教法，八聖道就是為了達到這個目標所應修習的方法。「道」是因，「智慧」則是果。

無明是輪迴的「頭」與痛苦的根源，斬斷它是什麼意思呢？這是我們每個人都應該思考並謹記在心的問題。當我們思惟禪修的利益時，便生起了信心，雖然尚未獲得所有的利益，也會讓我們渴望進一步修行。強大的信心以及想要成就的意欲，將引導我們奮力地精進，而奮力精進是成就目標所必需的。

戒蘊止息違犯煩惱

爲了發展八聖道，行者最初的精進應該放在「戒」的領域上。透過下定基本決心，持守且不違反這條聖道的道德面——正業、正語與正命，良善的動機便會生起，而違犯煩惱也會開始受到抑制。

持戒的強烈動機，遠比「人自然能夠約束自己」這種模糊觀念，要有效且強力得多，只有在阿羅漢的階段，才能圓滿這種自然的約束力。在此之前，戒律是應當要警覺與精進的領域。

由於「正思惟」是八聖道慧蘊中的一支，所以，我們也能看到持戒如何得以支援「慧」的增長。如果只是道德的警覺，並無法斷除無明，甚至也無法帶來任何階段的觀智，更遑論「道心」與「果心」。已經開始藉助戒律來增長善思惟之後，我們也必須將精進投入到正式禪修的領域。這會幫助我們進一步完成八聖道的進階面向——定學與慧學。我們繼續持守戒律，同時也進入「法與律」中的「法」的層面。

定蘊抑制纏縛煩惱

八聖道的定蘊由「正精進、正念與正定」所組成。藉由精進，我們對於六根門的所緣生起正念，在它們一生起時就標記並觀察它們。這種精確的覺知增長了「尋」，那是「定」的瞄準面向。

每次當我們使心與腹部起伏動作一致時，或導引心到其他生起的所緣時，都是「尋」的作用。「尋」自然導致「伺」，那是「定」的摩擦面向。「伺」的作用就是將注意力持續在所緣上，直到所緣被看見、思惟爲止。禪修者如果有強大的「伺」，就能免於「欲貪」，以及其他阻礙善生起的障礙，這些煩惱都被阻斷了。這是八聖道的定蘊抑制纏縛煩惱的方式。

慧蘊斷除隨眠煩惱

心變得清明與穩定，掉舉消失了。在一個平靜、清晰與專注的心裡，「喜」將會變強。而八聖道慧蘊中的心所——「正思惟」與「正見」，將會現起。

當清楚知道所有六根門的所緣時，「正見」就會生起。這是「剎那定」的結果，心一剎那接著一剎那地直接落在所緣上。為了要獲得這種剎那相續的「定」，行者需要熱切且持續地精進努力。

持續地觀察、精進與專注，是禪修者必須應用在修行上的最重要因素，謹記此點是有用的。這些是發展八聖道所有道支的方法，達到頂點就是「智慧」，那是「正見」的另一個說法。

透過勤奮地注意與了知，行者漸漸了知所緣的本質。光明生起，驅散了黑暗，智慧的生起，就相當於摧毀無明，砍斷了輪迴的「頭」。隨著每個注意與了知，八聖道的有關道支就會生起，以驅除煩惱。如此，強化並完成這條正道的所有道蘊，行者就獲得了清淨。

行者於「前分道」達到清淨與正直的了知。「前分道」意指我們所做的一切努力——投入「法與律」的修行，創造「解脫」生起的動力與因緣。當圓滿「前分道」時，行者從束縛中獲得解脫。完整的「道」，包括了精進努力以及成果，在清淨正戒、清淨正定、清淨正慧，也在最後純淨聖潔的解脫裡既在。

觀察「果」，摧毀「因」

「法」的體驗也依循著因果法則。聖道的所有道支都屬於「果」的範疇。「信、欲、精進」是它們生起的「因」。之後，「念、定」則變成「慧」（或正見）生起的「因」。再說一次，圓滿八聖道的前分面向，是解脫的直接因。

當連結再生的識生起時，「業」的潛能就從舊的存有轉移到新的存有，「心所」與「心」造成新生命的六根。所以，我們的根門是業果。禪修時觀察的所緣也是異熟業果的範疇。如果行者不知道它的本質，煩惱輪就會一再地生起，導引我們去經歷「業」與「異熟」。但是透過觀察「果」，「因」就被摧毀，而輪迴的循環便不再持續流轉。

如果煩惱的「汁液」不足以形成一個新的人身，連結再生的識便不會生起。如果我們想要斷除那份潮濕，以避免陷在無止盡的再生輪轉裡，解決方法其實驚人地簡單，行者需要做的只是觀察生起的所緣。

如果我們閱讀《念住經》，可能會對所列出的、需要注意的一長串所緣，感到不知所措。例如身體的所緣——樂受、苦受、不苦不樂受，以及心理的所緣——心與六根門上的事件。然而，再次地，所有這些觀察的基礎，可以總結爲一個指導，那就是「觀察所有明顯生起的所緣」。我們先前已討論過八聖道的所有道支，如何在包括「戒」與「定」的注意剎那出現，所以，在此便不再重述了。

心有力而急促地移向它的所緣，行者可能會覺得自己是將注意力推向所緣。這個動作應該是熱切地，任何注意力都不該放到其他所緣或周遭的範圍上，它必須要完全地抓住並且涵蓋現存的所緣。如此密切的觀察，才堪稱爲「念住」。

「明」生起，「苦」滅盡

「有」（bhūta）是指存在的事物。心理的「有」與身體的「有」，都照著因果順序快速地生滅，舊有生起新有，所緣極快速地生滅。必須要儘快且急速地觀察到它們。過一段時間後，就不再需要這麼費心努力了，因爲心已經能自動地跟上，而與所緣的步調一致了。

以下的偈頌可說明一切：

不修八聖道
輪迴永流轉
修習八聖道
斬斷此輪迴

當行者不觀察時，八聖道就無法增長。而如果不修習「念住內觀」，無論在家人或出家人都會失足或犯錯。如果人犯錯，就不會發展使心崇高的道支，也無法發現聖道的特殊意義，那相當於「涅槃」與「解脫」的道心與果心。由於煩惱未被斷除，煩惱輪將會再度開始轉動。此人將會是不清淨、不崇高的，且容易受各種不道德所影響。

這些是佛陀所制定的快樂與富足的路線指引，這是「法」。行者如果不踰越這個範圍，他便圓滿了「律」的規範。「法與律」一詞等同於「教法」。行者如果修習「法與律」，就是在自身建立了教法，並如此傳揚教法。

當行者全力地觀察明顯生起的所緣時，終將了知它們的本質，無明因而無法生起而滅盡。一旦「明」生起，無明就不生，煩惱因此枯竭了。由於未造作不善行，因此不會有不善果，也不會形成新的種子。我們就得以看見業輪的終止。如果他依照這些指導修行，將會完成「正苦盡行」——讓人達到「苦」完全滅盡的道路。而我們談到的還只是「前分道」而已。

修行的喜悅時刻

隨著持續地修行，在洞見一切所緣的三種特性之後，禪修者便能體驗到「生滅隨觀智」——洞見所緣剎那生滅，所緣的生起有多快，它的滅去就有多快。行者只需要稍加努力，便能清楚而詳細地看見這一切。心非常清明，沒有障礙，「念」強烈、光明而純淨。行者可能看見亮光，並且充滿了一種喜悅、快樂與幸福感，會有一種強烈的心清涼——一種特殊的禪修滋味。他會想：「法眞是太好了！」心以敏銳、清晰的觀智，緊緊地釘住所緣，行者可能會記起很久以前深埋於記憶中的往事。

在這個階段，心理環境令人感到非常地愉悅，行者對那個樂受很容易生起一種微細的執著（欲求），這「欲求」事實上是「渴愛」的精細形式。與此同時，還有許多正面的特質會讓人產生執取。信心生起，使人免於懷疑，而體驗到此心的清明、美好與光明，對於修行有熱烈的感激，並遠離放逸。出於害怕分心，以及羞慚於過去的墮落，行者會傾向於加強修行。心裡會生起一種強烈的道德感，使人覺得需要更加努力才能達到解脫。此時會生起無貪與無瞋，特別是對於外在的所緣，心體驗到安詳與平和（中捨性）。行者會很容易就能坐上一或兩個小時，而不會感到疼痛，因爲身體是如此地輕安。心則感到清新輕快，易於調適且柔軟，活力充沛，而且還會生起一種正直感，使人反省過去的錯誤行爲，並下定決心不再重蹈覆轍。

法喜與修行的喜悅遠遠優於世俗之樂，行者在此時已瞭解這點，並不再認爲感官欲樂有多美好。在這個階段，如果禪修者能夠斷除對於內在狀態的執著，例如前面提到的令人討厭的「欲求」，他（她）將能夠進展到其餘更高的內觀智，直到體驗涅槃的清涼——入流的「道」與「果」。

此時，「法」導向快樂與富足，會變得無比明顯。行者終於瞭解到佛陀的本意，在自身中建立了「法與律」，他會清楚地瞭解、看見並體驗到佛陀德行的本質。

攜手同行聖道

對佛陀與老師懷有感恩之情

在這個世界上，有兩種人是珍貴而稀有難得的。他們是「恩人」（幫助者）與「知恩者」（知恩圖報者）。在所有「恩人」之中，佛陀是至高無上的，他修因證果，然後爲一切眾生的利益而努力。他是我們最稀有而珍貴的恩人、「法與律」之道的發現者、「念住內觀」技巧的發明者。如果我們走上佛陀發現並制定的道路，當然就會抵達預定的目標。依循「法與律」的人，最終將會清淨無染。

我們的恩人已經指出了道路，現在，如果我們親身走上此道，就會成爲第二種稀有而珍貴的人——知恩者。佛陀給予我們的是奧妙的珍寶，如果我們希望表示感激，就要按部就班、有系統地修行「法與律」。

我們無須獨自走上一條未知的道路，佛陀即是我們的嚮導。他在我們之前已經走過這條路，清楚地做了標示，好讓我們得以安全且好好地隨行。這不是一般的道路，也不是錯誤或誤導的歧路；這是一條善道，它方法正確、安全無虞，它的目標是涅槃——完美的安全與解脫。只要按部就班地走這條道路，你必然會抵達目的地。

身為學生，對於老師無私地指出道路，提供鼓勵，以及改正並避免錯誤，應該懷有感恩之情。與此同時，他（她）應該更加感恩佛陀。有些學生感恩活著的老師，一位健在的人士，然而，老師也應該心存感恩。這位現今健在的老師並未發明這條道路，他（她）只是致力於忠實地保存這條道路，如同佛陀所制定與指出的一般。佛陀建立了智者的「法與律」，自他入滅之後，這條道路就被謹慎而忠實地由師徒代代相傳。老師的職責就在於傳遞「法與律」，一如他（她）於最初謹慎地接受的一般。如果老師們未謹慎且正確地做好這項工作，佛陀的原始教法將會失傳。將不再有熟悉此道的學生，繼而也不會再有合格的老師能夠保存傳統，並傳給下一世代了。

要了知「法」的價值，就必須先修習它。在好好地修習它之後，才可以教導它。如果適當地教導，它就能持續興盛，其他方法將無法介入。如果「法」的修行沒有消失，眾生將會快樂，這份快樂就是「法」的價值與意義所在。

老師與禪修者們攜手一同走在這條道路上，如果我們走上這條道路，當然就會抵達「安穩地」（安全之地）。但是我們必須眞正修習自己聽聞到的教法，因爲如果這條道路只是被知道，而沒有修行者，教法將會分崩離析，其他方法會到處湧現，而原始的教法會因乏人問津而遭到廢棄。如果「法與律」的修行式微，就會導致眾生的墮落，眾生終將受苦。身爲老師的人，會害怕學生受苦，會恐懼眾生的道德標準被摧毀。因此，老師會持續地引導並鼓勵其他人走上這條道路，他（她）不希望他們遭遇災難或困苦。

行者如果不眞正地修行，就無法瞭解修行的眞正價值。很遺憾地，並沒有吃了就可以改變人心的藥丸，也沒有可以淨化禪修者的洗衣機。每個人都必須投入自己的努力，增長自己的定力，然後他們才會瞭解解脫。我們每個人都必須自己去實踐，但是我們可以一起走在這條美麗的大道上，如果我們這麼做，就必定會抵達目的地。

人生最大的損失是失去「解脫」

「念住內觀」是一條最殊勝的道路。就如經典所說：「這是直接之道，能夠淨化眾生，止息悲傷與愁嘆，滅除身苦與心憂，進入正道，並獲得涅槃。」如果我們每一刻都守護正念並勤奮修行，就會知道這些經文的眞實性。

「法」將我們從低處提升上來，「律」則拯救我們，排除各種形式的染污行爲。如果我們持續修行「法與律」，就會抵達解脫煩惱之地，將依據自己的修行程度了知解脫。

以直截了當的方式走這條道路的人，將會獲得八聖道的所有特質，導致煩惱染污的滅除，將會有清淨正戒、清淨正定與清淨正慧。行者如果不沉溺於煩惱，將會體驗到解脫。

佛陀已經教導「法與律」，如果我們不偏離，答案就很簡單。行者必須檢驗並評量自己在「法與律」上安住的程度，偏離「法與律」的人將無法完成解脫。

如果我們不修行「念住內觀」，就會從「法」失足墮落而誤入歧途，意思就是我們將會受苦。如果我們不依戒而生活，就會從「律」墮落跌下，將無法體驗解脫。

缺乏「戒、定、慧、解脫」這四個特質，事實上就意味著墮入痛苦之中。如果你在戒律上不圓滿，違犯煩惱就佔有領地，你會折磨並虐待其他人，卻不停止或改正。如果你放縱心去為所欲為，你將會受到迷惑與折磨。如果你不支持「慧」的增長，你將體驗不到解脫煩惱的本然自在。沒有這三學，你將無法解脫，而沒有比失去「解脫」更大的損失了。

有些人偏離了還自以為是，有些人則跟著別人走，而入於另一種信仰系統。世間凡夫就是那些不控制自己身心的人，這種人也稱為「粗凡夫」。這些人沒有道德或心理約束力，因此毫無所依。他們耽溺在各種惡行裡，毫無節制，因為他們缺少自制力，所以才被稱為「凡夫」。他們墮落而跌跌撞撞、受苦，最終落得遍體鱗傷。試著不要被歸入於這一類人，這很重要！

然而，除了阿羅漢之外，一切眾生都會不時地偏離「法」。當煩惱生起而行者還未擺脫迷惑時，就會偏離了。一般而言，不論何時，只要人們失去正念，就會偏離。只有阿羅漢才完全具足戒、定、慧與解脫，所以他們不再需要刻意努力，無論男性或女性的阿羅漢都不會偏離「法與律」。一位獲得了最少聖道支的人——入流者，仍然會偏離，但是他（她）最終不會遍體鱗傷。

行者要確保自己最終不會落到世俗凡夫的道路去。請嘗試至少達到一種「內觀道智」與「果智」！自己努力或加入團體，在自身建立起教法，然後，請將它代代相傳下去。如果能夠如此，結果就只會是快樂，這是必然的。

6

問與答

如果你不明白某件事，或教法指導不清楚，或你需要澄清某個疑點，都是提問的好理由。但如果是爲了反對老師，找他麻煩，或嘲弄他，那就不是好的理由了。提問應該要有信心與勇氣，以同爲一家人的精神來問。提問可以加深家庭精神與「法」的精神。

問：我想要發問，但又害怕丟臉。

答：當這種心態生起時，就要觀照它們。所有的心態，無論好壞都要觀照。快樂、哀傷、高興或恐懼，當某個所緣明顯時，就必須要觀照。這很容易回答。

提問者的家庭精神微弱，因此容易生起恐懼。在家庭裡，孩子信任母親，知道她會支持他們，如果這位母親有話要說，孩子們也會聽從。

當事情關係到彼此，而心中卻有恐懼與不安時，如果我們加以分析，就會發現其中是缺乏信心。因此，如果沒有信任，這種氣氛是不可能讓友善成長的。孩子知道母親總是會支持他們，而母親知道孩子不會找她麻煩，需要說什麼就說什麼。身爲禪修者，如果我們瞭解老師並不是要找我們的麻煩，就會敢於提出任何我們需要問的問題。

當鳥兒發現人類不會爲難牠們時，就漸漸學會親近那些人了。

問：精進有可能過度嗎？

答：是的，的確會如此；當行者太過熱切時，可能就會過度精進了。如果你希求並尋找所緣，就可能失去要觀察的眞正所緣，這也會導致過度思考。「尋」應該要精確，如此才能將心打開。

當所緣快速地、一連串地生起時，禪修者可能感覺如被猛烈砲火攻擊一般。他（她）自問：「所有這些事情的間隔在哪裡？我怎麼錯失了所緣的生起呢？」他（她）通常會決定更加努力。但是如果太過度努力，就只會導致焦躁不安。心原本應該連結所緣，卻會變得擴散失焦，它無法停留在所緣上，反而變得焦躁不安。

心不會釘住，而是上下到處亂跑，「定」會被摧毀，禪修者無法看見明顯的所緣。當行者無法標記、觀察並了知所緣的本質時，平靜也會消失。

當失去觀察與了知時，禪修者瞭解到修行已不得力，他（她）需要撤退。當所緣太多時，要稍微限制注意力，密切地專注在腹部的起伏上。在下伏的動作之後，可以把注意力短暫地放在整個坐姿上，然後放在臀部接觸坐墊的壓迫點上。在此情況下，應注意「起、伏、坐、觸」，或者也可以只是注意「起、伏、觸」。這也會有所幫助。

「剎那定」——剎那、剎那相續的專注，它來自於持續的「念」。

問：為什麼選擇腹部的起伏作為主要的所緣呢？

答：要禪修，「定」是需要的，心的平靜與身的平靜一同生起，行者必須要靜坐不動，並觀察所緣。禪修初學者起初先觀察明顯的所緣，之後他們就能觀察任何所緣。

依據馬哈希尊者所說，主要所緣多於一個是合宜的。例如，呼吸時鼻子的感覺、腹部的起伏，以及上個問題中說明過的「起、觸」，都是好的。馬哈希尊者的老師明貢尊者（Mingun Sayādaw）所使用的所緣是「坐」與「觸」。

根據巴利語的說明，行者應該要著重於「明顯的」所緣。這意味著物質所緣要比心理所緣受到更多觀察，因爲心理所緣大多比較不清楚。在身體中生起的四大元素裡，「風大」是最明顯的經驗，它是由動、靜止、堅硬、刺痛等感覺所組成。「風大」在起與伏中也是最明顯的，所以，我們傾向於用它作爲主要的所緣。

給學校孩童們上的課，應該要簡短容易。

問：在內觀打坐開始時，應該以「慈」來安心嗎？

答：不用。在觀禪的禪修營裡，不該在打坐開始時就散發慈心。行者應該要標記，並觀察心的不安。

在禪修營裡，關於修習四種護衛禪，一天五分鐘就已足夠，我們先前已討論過了。

問：要如何根除隨眠煩惱呢？這個過程如何展開？

答：隨眠煩惱（潛藏或沉睡著的煩惱）至今尚未被根除，我們可以用火柴頭來說明。當適合的條件具足時，隨眠煩惱就會轉變成違犯煩惱或纏縛煩惱，就如一根看來穩定的火柴，當你一擦撞火柴頭時，就會擦出火花來一般。

隨眠煩惱要透過「慧」來根除，具有觀智，煩惱就會被擱置一旁。藉由入流的「道」與「果」，你得以擺脫邪見，並從各種見解的執取中解脫。這是頗爲奧妙的，這些煩惱徹底地消失，不像瘧疾會讓你每隔一天就發高燒。

問：什麼是滅除渴愛最好的修行與態度？

答：「念住內觀」禪修！

問：行禪好嗎？如果我可以持久地打坐，我應該要放棄行禪嗎？

答：「精進」與「定」的平衡是很重要的，如果這個平衡受到干擾，結果就是掉舉與昏沉。你必須在坐禪與行禪時，都同樣努力地保持觀察。不過，在行禪時有雙重的精進——要保持心在所緣上，以及行走本身也需要身體的精進。

有許多所緣生起時，行禪久一點是好的，可以三十分鐘至一個小時。坐禪通常最少要一個小時。

行禪的五個利益如下：

一、你可以有一段走路的行程。

二、你會有充沛的精力可用。

三、你會很健康，如果你只是打坐，循環會變慢。

四、你會有良好的消化。

五、持久的定力會增長，帶到坐禪裡，較易增長內觀智慧。

問：所有的內觀智都一樣嗎？

答：在入流之後，已經解脫了「邪見」與「疑」，於第一至第三觀智就不再生起。這些內觀智分別是辨別「名」與「色」、「因」與「果」與洞見無常的初級內觀。如果在這時繼續修習「念住內觀」，則觀智會進展至「生滅隨觀智」——洞見所緣快速地生滅。

入流者證得「無常」與「無我」，並解脫了「邪見」。然而，他（她）尚未通達「苦」。這些人還是會以一種顯著的方式遭遇「行苦」——有爲法（行）本具的苦。

問：入流會帶來怎樣的人生轉變？

答：這是個大問題！它應該要由覺悟者（buddha）來回答。比丘不准談論它，在家人也應該避免討論他們深奧的禪修成就，因爲可能會傷害教法。

每個人都必須在所謂的「法鏡」（dhamma-ādāsa）中自我檢視。在這面鏡子裡，我們觀看自己，並決定發生什麼事，這是唯一的方式。

不過，在開始修行的前後，仍然有很大的差異。有些學生告訴我，感覺像是從舊生命到了一個新的生命。有位女學員寫到，她一直在尋找生命的歸宿，而現在她已經找到眞正的家了。

佛陀曾說，「念住內觀」是到達快樂確定且必然之道。我們有他的保證，就不需要更多了。

問：您相信一切衆生終究都會解脫嗎？

答：讓我們假定你說的是「人」，並且把問題限縮到是否會有某個時候，不再有世俗凡夫餘留。

坦白說，這看起來不像是最近會發生的事。

那些親近佛陀、「法」與圓滿「波羅蜜」的人，會獲得特別的「法」。增長「波羅蜜」是在每一生都要做的，瑜伽士與禪修者爲了獲得「法」而修行，如果他們還未成功，那麼，在另一生就會繼續完成。如果他們在過去生已經打好基礎，這一生就能完成他們的任務。

增長「波羅蜜」的意思是修習善行——布施、持戒、出離、慧、精進、忍辱、諦（眞實）、決意（決心）、慈與捨（平等心）。不求自利地做這些事，而是爲了他人的利益而努力。如果目標或目的是在於利益他人，或證得涅槃，那麼，這些行爲都是眞正的善行。增長「波羅蜜」是非常重要的。

解脫的另一個很重要的修行是適當的自我約束。你必須調整自己的身、語、意行，使它成爲無垢的、可愛的且表現良好，但是你必須以「爲了智慧而修心」的特定觀點來做。要能夠成功地約束自己，就必須依靠一位「善知識」——心靈之友，換句話說，就是一位合格的老師。行者也必須處於一個「法與律」盛行的地方。

這些不可或缺的條件——住在有教法的地方、遇見智者，以及有機會調整自己——都來自於過去的善行。

問：為了體證涅槃，在理論與實修上，什麼是最重要的？

答：爲了體證涅槃，需要道心與果心，一般的世俗心無法體證涅槃。所以，需要「道」與「果」。「道」是煩惱的摧毀、斷除或止息；「果」則是反覆滅火，如冷卻的灰燼。如果火燒得很旺，就要先熄滅它，然後第二次再以更多的水去浸濕它。

「道」與「果」兩者都以涅槃爲所緣。「道」以涅槃作爲所緣，而「果」則以被熄滅的火作爲所緣，並完全地熄滅它。

第一次的「道智」與「果智」稱爲「入流道」與「入流果」，在入流之後還有三個階段的解脫。

入流滅除了三結：(一)「有身見」——相信有個恆久實存的自我；(二)疑——懷疑；(三)認爲能夠藉由儀式典禮而得「法」。此外，也斷除了會導致投生於地獄、餓鬼與畜生等三惡道的煩惱。貪、瞋、癡減弱，並且最多只會再投生七次。不過，其他煩惱仍然殘留未去，要用更高的道心與果心來處理。

已根除的煩惱將不再產生不善行，當不再有煩惱時，業行會停止，果報也會停止。

爲了獲得最究竟的安詳，就必須在修行初期增長少分的安詳。我們必須在心生起的每一剎那，都保持警覺。「念住內觀」是指密切地觀察明顯的所緣——四念住，我們觀察身體的感覺；觀察樂受、苦受與不苦不樂受；觀察諸如思考與計劃等心理活動；我們也觀察一切日常活動。

在密集禪修營裡或正式打坐練習時，覺知如錨，就定在腹部的起伏動作上的。在腹部升起時，會有拉緊的感覺，以及對這種感覺的了知。如果以這種方式看見腹部的升起，這是正見。不論何時，只要心恰當地與觀察目標一致，就不會有錯誤的想法或意圖。

「念」也需要其他心所的幫助，如先前所見，最重要的是「精進」，它具有疏遠煩惱的本質。一旦做到這點，「念」就保護著心，而「定」則統一心。具有「精進、念、定」這三個心所，就有剎那的安詳。

「戒」止息違犯煩惱，「定」抑制纏縛煩惱，「慧」斷除潛藏的隨眠煩惱。行者隨著修行的進展，會歷經各階段的觀智，最終達到「道」與「果」。眞誠地修行，能夠完成「前分道」，這個「前分道」也只不過就是由「念住內觀」所構成，每當所緣一生起時，就直接地觀察它們。

行者也必須親近智者，正直、老實地修行，並修行直到完成。這三個因素非常重要。

問：如果心在死亡時也消逝，那麼「業」如何從這一生延續到下一生呢？

答：一剎那的心生起後，立刻就消失了，所以，死亡是很尋常的事。在這一生中最後一剎那的心，稱爲「死心」。它沒有留下任何東西，而緊接著立刻生起了「結生心」——下一生的第一心。

有些人認爲識是從這一生跳到下一生，不是這樣的。你可能熟悉印章蓋在紙上會留下印記，印章與印記的關連就如「死心」與「結生心」的關連；它也如山洞裡大聲的回音，回音並非原本的聲音，但是與那聲音有關。

前生與來生之間的連結也類似於此。在任何一生，三輪都持續運轉，直到無明滅除。

問：如果說隨眠煩惱是未被道心與果心斷除的一切「所緣隨眠煩惱」，這麼說正確嗎？

答：「所緣隨眠煩惱」是六根門的一切所緣的煩惱，這些在入流階段尚未斷除，它們與其他隨眠煩惱——生命相續的煩惱，彼此互相支持。然而，它們在修習觀禪期間的「前分道」暫時被去除了。

問：我們離開禪修營之後該做什麼？在兩個禪修營之間，閱讀與聽聞「法」的開示有多重要呢？我們應該護持比丘與「法」的老師嗎？關於戒律又如何呢？

答：當你離開禪修營之後，最重要的就是把這個修行帶回家。如果你把「法」帶回家卻不修行，你就會失去並摧毀你在禪修營裡用心建立起的習慣。在日常生活裡，你必須學習規劃出正式禪修的時間，當然也要留下時間進行其他活動。如果要進一步熟練技巧，一天至少要一個小時。如果你未來想再參加禪修營，就要保持每天一個小時，或是如果你能禪修更久也很好。那麼，當你到了禪修營時，就能在可用的有限時間裡獲得最大的利益。

禪修類似於練習彈鋼琴，即使是造詣極高的鋼琴演奏家，也總是得每天保持好幾個小時的練習；偉大的運動家也是花很長的時間在練習場上。

假想自己是正受疾病之苦的病人，必須要住院治療，當你離開醫院時，醫生會建議某種特別的飲食與藥物。如果你謹守這些建議，那麼就能治癒疾病。所以，當你回家後，別把這些藥丟了！

至於閱讀，普通書籍對「法」的進展毫無貢獻。即使是「法」的書籍，如果無所選擇而胡亂地閱讀也沒有益處。行者應該尋找能夠給予精確禪修指導的書籍，透過閱讀呈現正確經文的書籍，你將能瞭解過去所不知的，並加深你已知的知識。閱讀「法」的書籍也能驅散疑惑，釐清某些問題。它有許多益處，但是讀書本身並非生起或增長「觀」的因，只有直接觀察才能做到。

親近並護持佛教的老師與出家人也是適當與必要的。不過，這些老師必須是眞實的，唯有如此，護持他們才是好的。

至於持戒，如果行者破戒，也就無法建立正確的「念」。只有持戒，才有可能禪修。「法與律」的領域有「三學」，我們先前已詳細討論過。它們每一個都能帶來利益。「戒」是修法的基礎，行者不能跳過「戒」而修行，也不可能不增長「定」就直接修「慧」，這三學你全部都需要修習。

問：您能給我們更多提升注意技巧的指導嗎？您能否舉一個強力的、單獨注意的例子？

答：你必須非常接近所緣，才能好好地看清它。

明顯的所緣在身體上生起，你要個別而清楚地了知它們，它們生生滅滅。「熱」並非單一事件，而是一連串「熱」的感覺。首先它被看成是一個組合，然後你看出它正在崩解。

使心驅向所緣，與它一致。當「念」愈來愈接近時，它就變得愈來愈好，你將會詳細地看清所緣。

一排螞蟻從遠處看，是橫越馬路的一條黑線。當你愈來愈靠近時，就看見它有些搖擺，然後看到它是由許多許多個別的螞蟻所組成。蹲下來，你開始辨識出個別的螞蟻，在它們之間有空隙，事實上它看起來已經不那麼像是一條線了，因爲那個概念已經瓦解。到某個時候，你能看出它的觸鬚、六隻腳、三段的蟻身，以及它嘴角的一些麵包屑。

問：何時斷除思想或感受比較好？何時應該持續注意它們？

答：從來沒人教過你應該斷除所緣，當心開始遊蕩時，應該注意它，而非斷除它，只有煩惱才需要斷除。首先要觀察它們，然後斷除，這通常意味著不要繼續涉入其中。

經上說：如實看見現存的事物，並不是說要斷除它們！

不過，如果遊蕩的心太常生起或太強，令你感到疲憊，你可以先不理會它並觀修其他的所緣。應該要注意身體所緣，但過一段時間後，可能會對於注意某一特定所緣感到疲倦。如果這種情況發生，就先擱置它。

一般而言，在所緣發生的當下注意它們，總是最好的。

問：當「觀照」的情況良好時，我們如何知道？

答：當「觀照」的情況良好時，所緣看似自動生起。你不覺得自己需要去尋找它們。這就如彈鋼琴——你會到達一個不再需要指導的程度。

問：當痛苦非常劇烈時，心放下所緣，然後從痛苦中釋放，看見它只是心理與物質的過程，空無自性，這種情況是「觀」的哪個階段？

答：有些禪修者研究這些階段，有些禪修者則希望預先知道答案。就數學公式而言，是公式重要，還是答案重要？

聽聞公式並學習如何計算，然後親自去計算。別人所給的答案，並未經由自己計算，是不會被老師接受的。

別人已給你公式，如果由你親自計算，這是最好的。否則你可能誤入歧途，那將危害到「法」。

問：如果禪修者在修行進展中沒有任何問題，他（她）是否缺少了什麼呢？

答：請不要認爲進展是取決於你是否有任何問題。時時刻刻了知所緣，才是構成進展的要素，你毫無欠缺。

要親自品嚐寧靜與禪修的其他成果，不要只是爲了發問而問，那將會干擾修行。但是如果你有什麼不瞭解，那無論如何一定要提問！

心變得清明而平靜。如果你穩定地修行，八聖道就會開展，然後你就不再需要提問了。

你的問題並不是「過失」的信號。如果有人供養你食物，而你詢問食物的來源，這樣並不會嚐到食物的滋味。所以，儘管繼續吃吧！

總而言之，我想提醒你們，你們全都在對抗煩惱之戰的前線上，如果你不戰鬥，就會被煩惱怨敵所擊敗。你們的指揮官說：「出去作戰吧！」

詞彙表

（括號內的名詞前爲巴利語，後爲英文，以「——」區隔）

【一劃】

一切（sabbe——all）

一切知智（sabbaññutā-ñāṇa——omniscient knowledge）：了知一切「法」的智。

一切衆生（sabbe sattā——all beings）

一來者（sakadāgāmī——once-returner）：或「斯陀含」，解脫的第二階段。

【二劃】

力（bala——power）

人身怨敵（puggalā vera——enemies in human form）：顯現爲人身的怨敵。

入流（sotāpatti——stream entry）

入流果（sotāpatti phala——fruition of stream entry）：或「須陀洹果」。

入流者（sotāpanna—stream-enterer）：或「須陀洹」，解脫的第一階段。

入流道（sotāpatti magga—path of stream entry）：或「須陀洹道」。

【三劃】

凡夫（puthujjana—worldling）

女性（itthi—female being）

大般涅槃（mahāparinibbāna—great passing away〔of a buddha〕）：佛陀去世。

大悲心（mahā karuṇā—great compassion）

【四劃】

心（citta—mind state, state of consciousness）：心態、意識狀態，即心理的對象。

心所（cetasika—mental factor）

心隨觀念住（cittānupassanā satipaṭṭhāna—contemplation of the states of mind as an establishment of mindfulness）：將「念」緊密而穩固地建立在心的狀態上。

天人（devā—celestial beings）

天眼（dibba cakkhu—divine eye）：可看見遠方的對象與事件的能力，遠超過一般的肉眼視力可見的範圍。

天眼明（dibba-cakkhu-ñāṇa—clairvoyance）：佛陀的天眼遠超過一般天人的天眼，而稱爲「天眼明」。

不忘失味（asammosa rasa—non-forgetfulness, keeping the object in view）：不忘失所緣，或緊盯著所緣。

不明瞭的（avibhūta—inability to see presently arising objects as they truly exist）：無法如實現觀正在生起的所緣。

不善怨敵（akusala vera—unwholesomeness enemy）

不散亂定（avikkhepa samādhi—nondistracted concentration）

不淨觀（asubha bhāvanā—contemplation of impurity or foulness）：思惟身體各部分的不淨或污穢。

不漂浮相（apilāpana lakkhaṇa—characteristic of non-superficiality）：不浮掠的特性。

不還者（anāgāmī—nonreturner）：或「阿那含」，解脫的第三階段。

火界（tejo-dhātu—heat element）：火元素。

中捨性（tatra-majjhattatā—neutrality of mind）：心的中立。

止樂（samatha-sukha—happiness of tranquility）

【五劃】

四（catu—four）

四護衛禪（caturārakkhā-bhāvanā—four guardian meditations）：四種保護心免於遭受內在與外在危險的禪修，即佛隨念、慈心禪、不淨觀、死隨念。

加行（payoga—practice, undertaking, action）：前行、前方便。

正見（sammā-diṭṭhi—right View）：親自看見與了知動作的眞正本質。

正念（sammā-sati—right Mindfulness）：心持續地注意、觀察所緣。

正定（sammā-samādhi—right Concentration）：心穩定地安住在所緣上。

正命（sammā-ājīva—right Livelihood）：正當的謀生方法。

正知見（sampajanna ñāṇa dassana—clear, directly evident, and distinct comprehension; knowing and seeing; perfect knowledge）：清楚、直接可見與明顯瞭解；知見；圓滿的智慧。

正思惟（sammā-sankappa—right Aim）：心直接觸及所緣，不會掉落到貪欲、散亂或其他形式的煩惱裡。

正苦盡行（sammā-dukkha-khaya-gami—the path that takes one to the complete exhaustion of unsatisfactoriness）：讓人達到「苦」完全滅盡的道路。

正業（sammā-kammanta—right Action）：正當的行爲。

正語（sammā-vācā——right Speech）：正當的語言。

正精進（sammā-vāyāma——right Effort）：心注意腹部的起伏，努力觸及所緣。

他責怖畏（parānuvāda-bhaya——fear of censure by others）：被他人譴責的恐懼。

世間凡夫（okiya mahājana——ordinary worldly person）：不控制自己身心的人。

世間利益行（lokatthacariyā——working for the benefit of the world）：利益世間的修行。

生滅隨觀智（udayabbaya-ñāṇa——insight into rising and passing）：洞見所緣剎那生滅。

【六劃】

地（bhūmi——field, realm）：領域。

色（rūpa——matter）：物質。

名（nāma——mind）：心。

死心（cuti citta——death consciousness）：在這一生中最後一剎那的心。

死隨念（maraṇasati——mindfulness of death）：思惟死亡，尤其是培養「死亡隨時可能發生」的一種敏銳覺知。

名色（nāma-rūpa——mind and body）：心與身。

名色如實智見（nāma-rūpa-yathā-bhūta-ñāṇa-dassana——seeing mind and body according to reality）：

如實地知見心與身。

有（bhūta—living being, distinctly existing being）：眾生、明顯存在的生命。

有身見（sakkāya diṭṭhi—belief in an enduring self essence）：相信有個恆久實存的自我。

有呼吸的（pāṇā—breathing being, living being）

有限遍滿慈心（odiso pharaṇa mettā—specific pervasion of loving-kindness）：特定對象的慈心散發。

有漏煩惱（āsava kilesa—defilements that flow into the mind）：滲流入心的煩惱。

行（caraṇa—basic teaching or basic conduct）：基本的教導或行爲。

行苦（saṅkhāra-dukkha—suffering inherent in formations）：有爲法（行）本具之苦。

自正誓願（atta-sammā-paṇiddhi—proper self-regulation）：適當的自我約束。

自性（sabhāva—true nature, the way of being）：生命的眞實本質。

自性味（sabhāva-rasa—flavor of true nature）：眞實本質的作用。

自責怖畏（attānuvāda-bhaya—fear or danger of self-blame）：自我譴責的恐懼或危險。

自業正見（kammassakāta sammā-diṭṭhi—kamma is one's own inheritance）：「業」（kamma）是自己的遺產。

各別蘊（sa-kāya—distinctly existing mind-body process）：心理與物質的各別諸蘊。

各別蘊見（sa-kāya-diṭṭhi——view that sees distinct mind and matter）：看見「身心僅僅是各別的心與物質」的見解。

因忿而瘋（kodhummattaka——mental madness based on hatred, blind rage）：出於瞋恨的心理瘋狂。

因具足（hetu-sampadā——attainment of the cause of buddhahood）：具足成就佛果之「因」。

求知欲（ñātukāma——desire to acquire knowledge, anxious to know）：求知的欲望或動機。

安那般那（ānāpāna——breath, breathing sensations）：呼吸、呼吸的感覺。

安穩地（khemanta bhūmi——place of safety）：安全之地。

如理作意（yoniso-mānasikāra——wise attention）：有智慧地注意。

如實（yathā-bhūtā——in accord with reality）：符合實相。

如實智見（yathā-bhūta-ñāṇa-dassana——seeing and knowing in accordance with reality）：依照實相來看見與了知。

刑罰怖畏（daṇḍa-bhaya——fear of punishment by authorities）：被主管機關懲罰的恐懼。

守護（gutti——protection）：免於貪、瞋行爲的擾亂。

守護現起（ārakkhā paccupaṭṭhāna——protecting the mind from defilements, manifestation of）：保護心不受煩惱擾亂。

【七劃】

伺（vicāra—rubbing, concentration factor of sustaining）：「定」的摩擦面向，它連結注意力與所緣的接觸。

住（upaṭṭhāna—establishment）：建立。

戒（sīla—morality）：道德規則。

戒教（sīla sāsana—teaching of morality）：「戒」的教法。

戒學（sīla sikkhā—training in morality）：「戒」的修學。

戒蘊（sīla khandha—morality group〔of the Noble Eightfold Path〕）：八聖道中的「戒」組。

身（kāya—body）：或「物質對象」，即身體的感覺。

身惡行（kāya duccarita—misconduct performed through the body）：透過身體造作的惡行。

身業慈（kāya-kamma mettā—friendly actions performed with the body）：以身體從事的友善行爲。

身隨觀念住（kāyānupassanā satipaṭṭhāna—contemplation of the body as an establishment of mindfulness）：將「念」緊密而穩固地建立在身體上。

弟子（sekha—disciple, someone in training）

利他（parahita—work for others' benefit）：致力於他人的利益。

見有即有（bhūta bhūtāti passato—see existing things as they are）：如實看見現存的事物。

見清淨（diṭṭhi-visuddhi—purification of view）：見解的淨化。

見顛倒（diṭṭhi-vipallāsa—perversion of view）：顛倒的見解。當觀察身心過程，看見的是一個「人」，而非只是心與物質的生起。

我見（atta-diṭṭhi—self-view）：認為身心五蘊是一個恆常且獨立存在的自我的見解。

我慢（māna—pride and conceit）：驕傲與自負。

佛果利益行（buddhatthacariyā—working toward becoming a buddha）：修波羅蜜；為了成就佛果的修行。

佛隨念（buddhānussati—recollection of the virtues of the Buddha）：憶念佛陀的功德。

男性（purisā—male being）

形相概念（ākāra-pannatti—concept of manner）：一種不代表當下存在方式眞實本質或自性的概念。

足處（padaṭṭhāna—proximate cause）：近因。

作意（manasikāra—attention）：注意力。

【八劃】

味（rasa—function）：作用。

取（upādāna—clinging）：執取。

忿（āghāta—anger, hatred, malice）：憤怒、恨、殘酷。

明（vijjā—vision, knowledge）：從修行「法」而生起的一種特別的了知，與「慧」密切相關。

明行（vijjā-caraṇa—knowledge and conduct）：「明」（vijjā）是從修行「法」而生起的一種特別的了知；「行」（caraṇa）是指基本的教導或行爲。

念（sati—mindfulness）：注意與觀察。

念住（satipaṭṭhāna—foundation of mindfulness）：將「念」緊密而穩固地建立在所緣上。

念住內觀（satipaṭṭhāna vipassanā bhāvanā—mental development through mindfulness meditation）

果（phala—fruition）

果具足（phala-sampadā—accomplishment of result）：「果」的成就。

定（samādhi—concentration）：心穩定地安住在所緣上。

定教（samādhi sāsana—teaching of concentration）：「定」的教法。

定學（samādhi sikkhā—training in concentration）：「定」的修學。

定蘊（samādhi khandha—concentration group〔of the Noble Eightfold Path〕）：八聖道的「定」

組。

受（vedanā—feeling）：樂、苦與不苦不樂的感受。

受苦眾生（dukkhita—suffering being）

受隨觀念住（vedanānupassanā satipaṭṭhāna—contemplation of feelings as an establishment of mindfulness）：將「念」緊密而穩固地建立在感受上。

非人（amanussa—inhuman beings）：缺乏基本道德的人。

非如理作意（ayoniso-mānasikāra—ill-directed attention）：不良的意圖。

非法（adhamma—truthless）：不眞實的。

非法勝（adhamma-vijaya—truthless victory）：不眞實的勝利。

非聖者（anariya—non-noble being）：一般的凡夫，他們是仍然被痛苦與全然的無明所束縛的人。

命我（jīva-atta—soul or self）：靈魂或自我。

昏眠（thīna-middha—sloth and torpor）：昏沉與怠惰。

知恩者（kataññū—those who return gratitude for what they have）：知恩圖報者。

放逸（pamāda—negligence, carelessness, heedlessness）：忽視、不小心、不警覺。

所緣隨眠煩惱（ārammāṇa-anusaya kilesa—object-related defilement）：與所緣有關的煩惱。

【九劃】

法（Dhamma—truth about existence, teaching about existence）：有關存在的眞理、教法。

法（dhamma—mind object, thing）：心的對象、事物，即感知、嗅聞與一般的活動。

法勝（dhamma-vijaya Dhamma—Dhamma success or Dhamma victory）：「法」的成功或「法」的勝利。

法與律（Dhamma Vinaya—teaching and discipline〔of the Buddha〕）：佛陀的教法與戒律。

法鏡（dhamma-ādāsa—mirror of the dhamma, dhamma mirror）

法隨念（dhammānussati—contemplation of the virtues of the Dhamma）：思惟「法」的功德。

法隨法行（dhammānudhamma paṭipatti—practice that is in accordance with Dhamma Vinaya）：依「法與律」修行。

法隨觀念住（dhammānupassanā satipaṭṭhāna—contemplation of mind objects as an establishment of mindfulness）：將「念」緊密而穩固地建立在諸法上。

相（lakkhaṇa—characteristic）：特性。

相續（santāna—stream, succession, continuity）：或「流」、「連續」。

律（vinaya—discipline or training）

信（saddhā—faith, confidence）：信仰或信心。

風大（vāyo-dhātu—element of air）：或「風元素」。

前分道（pubbe-bhāga-magga—forerunner or preliminary path）：我們所做的一切努力——投入「法與律」的修行，創造「解脫」生起的動力與因緣。

剎那定（khaṇika samādhi—momentary concentration, moment to moment concentration）：剎那、剎那的專注。

怨敵（vera—enemy）

波羅蜜（pāramī—perfection）

【十劃】

恩人（upakārī—benefactor）：或「幫助者」。

個人（puggala—individual being, person）

持有欲（dhāretukāma—intention to remember what one has heard）：記住所聽聞正法的意欲。

家依止愛（gehasita-pema—love of home or family）：對於自己的家與親人的愛。

害尋（vihiṁsā -vitakka—desire to torment others）：想要折磨他人的欲望。

恐懼（bhaya—fear, danger）

【十一劃】

貪（lobha——craving, desire, lust）：貪愛、渴愛、欲愛。

貪愛（rāga——lust）：或「染」。

眾生（sattā——being）

梵行（brahmacariyā——noble practice）：崇高的修行。

梵住（brahma vihāra——unlimited abode）

欲求（nikanti——subtle attachment）：對樂受生起的微細執著。

欲貪（kāma-cchanda——sensual desire）

欲尋（kāma-vitakka——sensuous thought）：感官欲樂的想法。

強而有力的想（thirasaññā——strong perception, the recording or recognition of objects）：一種對於所緣的強力感知、記錄或辨識。

宿作因見（pubbekata hetuka diṭṭhi——believe things happen solely due to the kamma from previous existences）：相信事物發生只是由過去生的「業」所產生。

宿住隨念（pubbe-nivāsa-anussati——recollection of past existences）：或「宿命明」，回憶過去世的能力。

唯作（kiriya——inoperative）：不產生效力的。

教法（sāsana—teaching）：或「教說」。

教法成就（sāsana sampatti—fulfillment or perfection of the Buddha's teaching）：已經完成或圓滿佛陀教法的人。

教說智（desanā-ñāṇa—knowledge of teaching）

邪思惟（micchā sankappa—wrong intention）：錯誤的想法或意圖。

習氣（vāsanā kammic—tendencies）：「業」的傾向。

異熟輪（vipāka vaṭṭa—cycle of results）

寂靜（santi—peace）

苦諦（dukkha-sacca—Noble Truth of Suffering）：「苦」的聖諦。

【十二劃】

悲（karuṇā—compassion）：悲憫。

喜（muditā—sympathetic joy）：隨喜。

喜（pīti—joyful interest）

捨（upekkhā—equanimity）：平等心。

尋（vitakka—concentration factor of aiming）：「定」的瞄準面向，它是聚焦在所緣上的了知的

心，與「精進」將心導向所緣。

想（saññā—perception）

想顛倒（saññā-vipallāsa—perversion of perception）：錯誤的感知。

深入轉起（okkantitvā pavatatati—continuously moving forward）：投入目標，持續地向前移動。

結生（paṭisandhi—rebirth into a new existence）：再次出生。

結生心（paṭisandhi citta—rebirth-linking consciousness）：連結到新生命的心識。

惡行（duccarita—misconduct）：錯誤的行爲。

惡趣怖畏（duggati-bhaya—fear of being reborn in an unfavorable existence）：投生於惡道的恐懼。

無我（anattā—nonself）：沒有主宰者。

無明（avijjā—ignorance, delusion）：單純的無知，或扭曲的、錯誤的且與實相本質相反的瞭解。

無怨敵（avera—freedom from enmity）：相當於無條件或無限量的友愛——「慈」。

無常（anicca—impermanence）

無愧（anottappa—moral fearlessness）：欠缺對於惡行的恐懼。

無限遍滿慈心（anodiso pharaṇa mettā—unlimited radiation of lovingkindness, nonspecific pervasion of loving-kindness）：非特定對象的慈心散發。

無瞋（adosa—nonhatred）：良善的意圖。

無慚（ahirika—moral shamelessness）：道德上的無恥，欠缺道德羞恥心。

無瞋害（avyāpajjha—free from mental suffering）：無心理的痛苦。

無憂苦（anīghā—free from physical suffering）：無身體的痛苦。

無礙解智（paṭisambhidā ñāṇa—knowledge of discernment, discriminating knowledge）

智見（ñāṇa-dassana—knowing and seeing, perfect knowledge）：看見與了知。

善知識（kalyāṇa mitta—spiritual friend）：心靈之友。

現起（paccupaṭṭhāna—manifestation）：顯現。

掉悔（uddhacca-kukkucca—restlessness and worry）：掉舉與惡作。

掉舉（uddhacca—restlessness, agitation）：焦躁。

清淨（visuddhi—purity,〔mental〕purification）：心的淨化。

最勝我（parama-atta—supreme being or spirit）：無上的存在或靈體。

勝義法（paramattha-dhamma—ultimate reality）：究竟實相。

策勵精進（paggahita viriya—continuously uplifting effort）：持續提升精進力。

傑出（visiṭṭha—outstanding, extraordinary）：或「殊勝」。

【十三劃】

經（Sutta—discourse）

慈（mettā—loving-kindness）：友善、潤澤、黏合。

慈心禪（mettā bhāvanā—loving-kindness meditation）：修習慈心。

慈思（cetanā-mettā—kind intention）：慈愛的動機。

慈波羅蜜（mettā-pāramī—perfected loving-kindness）

業（kamma—intentional action）：有意的行為。

業輪（kamma vaṭṭa—cycle of actions）

迷妄（sammoha—delusion）

概念（paññātti—concept）：假名。

意病（mānasikaroga—disease of the mind）：心的疾病。

意欲（chanda—desire to act or practice, excluding greed or lust）：行動或修行的意欲，不含貪愛或情欲。

意惡行（mano duccarita—misconduct performed through the mind）：透過心造作的惡行。

意業慈（mano-kamma mettā—friendly mental actions）：友善的意行。

意圖（cetanā—intention）

聖者（ariyā——a noble one）

極強的「念」（bhusattha sati——intensive mindfulness）

解脫（vimutti——liberation）

渴愛（taṇhā——craving）

煩惱（kilesa——defilement）：心的扭曲。

煩惱地（kilesa bhūmi——realm of the kilesas）：被煩惱統治的領域。

煩惱怨敵（kilesa vera——mental disturbance enemy）

煩惱輪（kilesa vaṭṭa——cycle of defilement or affliction）：煩惱或痛苦的循環。

愛著（pema——attachment to near and dear ones）：對親愛之人的執著。

圓滿精進（paripuṇṇa viriya——fulfilled effort）

愚癡執著（sammoha-abhinivesa——adherence due to thick delusion, bewilderment）：出於厚重無明、猶豫與困惑的黏著。

阿羅漢道果（arahatta magga phala——path and fruition of holiness）：阿羅漢的「道」與「果」。

【十四劃】

愧（ottappa——moral fear）：道德上的害怕或畏懼。

疑（vicikicchā——skeptical doubt）

語（vācana——speech）

語善行（vacī-sucarita——skillful speech）：言詞善巧。

語惡行（vacī-duccarita——ill-intentioned speech）：透過口語造作的惡行。

語業慈（vacī-kamma mettā——verbal acts of mettā）：慈愛的語行。

聞法欲（sotukāma——wish to hear the Dhamma）：想要聽聞珍貴正法的願望。

菩提分法（bodhipakkhiyā dhammā——requisites of enlightenment）：覺悟所必需的「法」。

菩提智（bodhi-ñāṇa enlightenment knowledge）

菩薩（bodhisattvā——future buddha, buddha-to-be）：未來佛。

精勤（ātāpa——ardent effort）：熱切的努力。

精進（viriya——effort）

【十五劃】

慧（paññā——wisdom）：音譯爲「般若」。

慧地（paññā bhūmi——field of wisdom）：智慧的領域。

慧教（paññā sāsana——teaching of wisdom）：「慧」的教法。

慧學（paññā sikkhā—training in wisdom）：「慧」的修學。

慧蘊（paññā khandha—wisdom group〔of the Noble Eightfold Path〕）：八聖道的「慧」組。

瞋（dosa—hatred, anger）

瞋尋（vyāpāda-vitakka—thought of hatred and ill will）：瞋恨與惡意的想法。

漏（āsava—taint）：煩惱染污。

漏盡明（āsavakkhaya-ñāṇa—pure vision）：一切邪見皆已滅除之智或無垢之智。

輪（vaṭṭa—cycle）

慚（hiri—moral shame）：道德上的羞恥感。

衝入轉起（pakkhanditvā pavattati—rushing or springing forward〔toward a mental object〕）：衝向或躍入（一個心理對象）。

漂浮（pilāpana—skimming or wobbling）：掠過、漂浮、晃動。

憂愁（soka—grief）

輪迴（saṃsāra—cycle of existence）：存有的輪轉。

墮落（papatita—downfall, falling away）：墜落、跌落、滑倒。

緣攝受智見（paccaya-pariggaha-ñāṇa-dassana—discerning cause and effect）：辨別「因」與「果」。

【十六劃】

學（sikkhā—training）：訓練自己，以生起某種特質。

道（magga—path）

違犯煩惱（vītikkama kilesa—transgressive defilement）：使人造作身、語不善業的煩惱。

親族利益行（ñātatthacariyā—working for the benefit of relatives and fellow citizens）：利益親友與國人的修行。

親近善士（sappurisa-saṃseva—association with a knowledgeable person）：親近一位知識廣博且能教導「法」的人。

親愛之人（piyamanāpa-puggala—dear person）

過慢（atimāna—conceited haughtiness）：自負的傲慢。

遍滿（pharaṇa—suffusion or pervasion）：或「遍布」、「擴散」。

憐憫（anukampā—quivering of mind）：適當的心理悸動或顫慄。

【十七劃】

禪修（bhāvanā—meditation, cultivation）：或「培養」、「發展」、「增長」。

禪那（jhāna—meditative absorption）：或「禪定」。

聲聞（sāvaka——disciple, listener）：聽聞者（listener）。

獨覺（paccekabuddha——silent buddha）：即「辟支佛」，自我覺悟眞理者，但不教導世間。

【十九劃】

癡（moha——delusion）

【二十劃】

觸（phassa——contact〔of mind with an object〕）：心與所緣的接觸。

【廿一劃】

躍入（pakkhandana——hastily speeding, hurriedly rushing）：急促加速或匆促前衝至所緣。

躍起念（pakkhandana sati——rushing toward the object）：衝向所緣。

隨眠煩惱（anusaya kilesa——dormant or latent defilement）：沉睡或潛藏的煩惱。

隨觀（anupassanā——contemplation）：頻繁地觀察。

護衛禪（ārakkhā bhāvanā——protective meditations, guardian meditations）

纏縛煩惱（pariyuṭṭhāna kilesa——obsessive mental defilement）：令人迷亂纏縛的煩惱。

【廿二劃】

聽聞正法（saddhamma savaṇa——hearing the true dhamma）：聽聞正確的教法。

【廿五劃】

觀智（ñāṇa——insight knowledge）

觀樂（vipassanā-sukha——happiness of insight）

橡樹林文化 ❖❖ 善知識系列 ❖❖ 書目

JB0001	狂喜之後	傑克・康菲爾德◎著	380 元
JB0002	抉擇未來	達賴喇嘛◎著	250 元
JB0003	佛性的遊戲	舒亞・達斯喇嘛◎著	300 元
JB0004	東方大日	邱陽・創巴仁波切◎著	300 元
JB0005	幸福的修煉	達賴喇嘛◎著	230 元
JB0006	與生命相約	一行禪師◎著	240 元
JB0007	森林中的法語	阿姜查◎著	320 元
JB0008	重讀釋迦牟尼	陳兵◎著	320 元
JB0009	你可以不生氣	一行禪師◎著	230 元
JB0010	禪修地圖	達賴喇嘛◎著	280 元
JB0011	你可以不怕死	一行禪師◎著	250 元
JB0012	平靜的第一堂課——觀呼吸	德寶法師 ◎著	260 元
JB0013X	正念的奇蹟	一行禪師◎著	220 元
JB0014X	觀照的奇蹟	一行禪師◎著	220 元
JB0015	阿姜查的禪修世界——戒	阿姜查◎著	220 元
JB0016	阿姜查的禪修世界——定	阿姜查◎著	250 元
JB0017	阿姜查的禪修世界——慧	阿姜查◎著	230 元
JB0018X	遠離四種執著	究給・企千仁波切◎著	280 元
JB0019X	禪者的初心	鈴木俊隆◎著	220 元
JB0020X	心的導引	薩姜・米龐仁波切◎著	240 元
JB0021X	佛陀的聖弟子傳 1	向智長老◎著	240 元
JB0022	佛陀的聖弟子傳 2	向智長老◎著	200 元
JB0023	佛陀的聖弟子傳 3	向智長老◎著	200 元
JB0024	佛陀的聖弟子傳 4	向智長老◎著	260 元
JB0025	正念的四個練習	喜戒禪師◎著	260 元
JB0026	遇見藥師佛	堪千創古仁波切◎著	270 元
JB0027	見佛殺佛	一行禪師◎著	220 元
JB0028	無常	阿姜查◎著	220 元
JB0029	覺悟勇士	邱陽・創巴仁波切◎著	230 元
JB0030	正念之道	向智長老◎著	280 元
JB0031	師父——與阿姜查共處的歲月	保羅・布里特◎著	260 元

JB0032	統御你的世界	薩姜・米龐仁波切◎著	240 元
JB0033	親近釋迦牟尼佛	髻智比丘◎著	430 元
JB0034	藏傳佛教的第一堂課	卡盧仁波切◎著	300 元
JB0035	拙火之樂	圖敦・耶喜喇嘛◎著	280 元
JB0036	心與科學的交會	亞瑟・札炯克◎著	330 元
JB0037	你可以，愛	一行禪師◎著	220 元
JB0038	專注力	B・艾倫・華勒士◎著	250 元
JB0039X	輪迴的故事	堪欽慈誠羅珠◎著	270 元
JB0040	成佛的藍圖	堪千創古仁波切◎著	270 元
JB0041	事情並非總是如此	鈴木俊隆禪師◎著	240 元
JB0042	祈禱的力量	一行禪師◎著	250 元
JB0043	培養慈悲心	圖丹・卻准◎著	320 元
JB0044	當光亮照破黑暗	達賴喇嘛◎著	300 元
JB0045	覺照在當下	優婆夷　紀・那那蓉◎著	300 元
JB0046	大手印暨觀音儀軌修法	卡盧仁波切◎著	340 元
JB0047X	蔣貢康楚閉關手冊	蔣貢康楚羅卓泰耶◎著	260 元
JB0048	開始學習禪修	凱薩琳・麥唐諾◎著	300 元
JB0049	我可以這樣改變人生	堪布慈囊仁波切◎著	250 元
JB0050	不生氣的生活	W. 伐札梅諦◎著	250 元
JB0051	智慧明光：《心經》	堪布慈囊仁波切◎著	250 元
JB0052	一心走路	一行禪師◎著	280 元
JB0054	觀世音菩薩妙明教示	堪布慈囊仁波切◎著	350 元
JB0055	世界心精華寶	貝瑪仁增仁波切◎著	280 元
JB0056	到達心靈的彼岸	堪千・阿貝仁波切◎著	220 元
JB0057	慈心禪	慈濟瓦法師◎著	230 元
JB0058	慈悲與智見	達賴喇嘛◎著	320 元
JB0059	親愛的喇嘛梭巴	喇嘛梭巴仁波切◎著	320 元
JB0060	轉心	蔣康祖古仁波切◎著	260 元
JB0061	遇見上師之後	詹杜固仁波切◎著	320 元
JB0062	白話《菩提道次第廣論》	宗喀巴大師◎著	500 元
JB0063	離死之心	竹慶本樂仁波切◎著	400 元
JB0064	生命真正的力量	一行禪師◎著	280 元
JB0065	夢瑜伽與自然光的修習	南開諾布仁波切◎著	280 元
JB0066	實證佛教導論	呂真觀◎著	500 元

JB0067	最勇敢的女性菩薩——綠度母	堪布慈囊仁波切◎著	350 元
JB0068	建設淨土——《阿彌陀經》禪解	一行禪師◎著	240 元
JB0069	接觸大地—與佛陀的親密對話	一行禪師◎著	220 元
JB0070	安住於清淨自性中	達賴喇嘛◎著	480 元
JB0071/72	菩薩行的祕密【上下冊】	佛子希瓦拉◎著	799 元
JB0073	穿越六道輪迴之旅	德洛達娃多瑪◎著	280 元
JB0074	突破修道上的唯物	邱陽．創巴仁波切◎著	320 元
JB0075	生死的幻覺	白瑪格桑仁波切◎著	380 元
JB0076	如何修觀音	堪布慈囊仁波切◎著	260 元
JB0077	死亡的藝術	波卡仁波切◎著	250 元
JB0078	見之道	根松仁波切◎著	330 元
JB0079	彩虹丹青	祖古．烏金仁波切◎著	340 元
JB0080	我的極樂大願	卓千拉貢仁波切◎著	260 元
JB0081	再捻佛語妙花	祖古．烏金仁波切◎著	250 元
JB0082	進入禪定的第一堂課	德寶法師◎著	300 元
JB0083	藏傳密續的真相	圖敦．耶喜喇嘛◎著	300 元
JB0084	鮮活的覺性	堪千創古仁波切◎著	350 元
JB0085	本智光照	遍智　吉美林巴◎著	380 元
JB0086	普賢王如來祈願文	竹慶本樂仁波切◎著	320 元
JB0087	禪林風雨	果煜法師◎著	360 元
JB0088	不依執修之佛果	敦珠林巴◎著	320 元
JB0089	本智光照—功德寶藏論　密宗分講記	遍智　吉美林巴◎著	340 元
JB0090	三主要道論	堪布慈囊仁波切◎講解	280 元
JB0091	千手千眼觀音齋戒—紐涅的修持法	汪遷仁波切◎著	400 元
JB0092	回到家，我看見真心	一行禪師◎著	220 元
JB0093	愛對了	一行禪師◎著	260 元
JB0094	追求幸福的開始：薩迦法王教你如何修行	尊勝的薩迦法王◎著	300 元
JB0095	次第花開	希阿榮博堪布◎著	350 元
JB0096	楞嚴貫心	果煜法師◎著	380 元
JB0097	心安了，路就開了： 讓《佛說四十二章經》成為你人生的指引	釋悟因◎著	320 元
JB0098	修行不入迷宮	札丘傑仁波切◎著	320 元
JB0099	看自己的心，比看電影精彩	圖敦．耶喜喇嘛◎著	280 元
JB0100	自性光明——法界寶庫論	大遍智　龍欽巴尊者◎著	480 元

JB0101	穿透《心經》：原來，你以為的只是假象	柳道成法師◎著	380 元
JB0102	直顯心之奧秘：大圓滿無二性的殊勝口訣	祖古貝瑪．里沙仁波切◎著	500 元
JB0103	一行禪師講《金剛經》	一行禪師◎著	320 元
JB0104	金錢與權力能帶給你什麼？ 一行禪師談生命真正的快樂	一行禪師◎著	300 元
JB0105	一行禪師談正念工作的奇蹟	一行禪師◎著	280 元
JB0106	大圓滿如幻休息論	大遍智　龍欽巴尊者◎著	320 元
JB0107	覺悟者的臨終贈言：《定日百法》	帕當巴桑傑大師◎著 堪布慈囊仁波切◎講述	300 元
JB0108	放過自己：揭開我執的騙局，找回心的自在	圖敦．耶喜喇嘛◎著	280 元
JB0109	快樂來自心	喇嘛梭巴仁波切◎著	280 元
JB0110	正覺之道．佛子行廣釋	根讓仁波切◎著	550 元
JB0111	中觀勝義諦	果煜法師◎著	500 元
JB0112	觀修藥師佛——祈請藥師佛，能解決你的困頓不安，感受身心療癒的奇蹟	堪千創古仁波切◎著	450 元
JB0113	與阿姜查共處的歲月	保羅．布里特◎著	300 元
JB0114	正念的四個練習	喜戒禪師◎著	300 元
JB0115	揭開身心的奧秘：阿毗達摩怎麼說？	善戒禪師◎著	420 元
JB0116	一行禪師講《阿彌陀經》	一行禪師◎著	260 元
JB0117	一生吉祥的三十八個祕訣	四明智廣◎著	350 元
JB0118	狂智	邱陽創巴仁波切◎著	380 元
JB0119	療癒身心的十種想——兼行「止禪」與「觀禪」的實用指引，醫治無明、洞見無常的妙方	德寶法師◎著	320 元
JB0120	覺醒的明光	堪祖蘇南給稱仁波切◎著	350 元
JB0122	正念的奇蹟（電影封面紀念版）	一行禪師◎著	250 元
JB0123	一行禪師　心如一畝田：唯識 50 頌	一行禪師◎著	360 元
JB0124	一行禪師　你可以不生氣：佛陀的情緒處方	一行禪師◎著	250 元
JB0125	三句擊要： 以三句口訣直指大圓滿見地、觀修與行持	巴珠仁波切◎著	300 元
JB0126	六妙門：禪修入門與進階	果煜法師◎著	360 元
JB0127	生死的幻覺	白瑪桑格仁波切◎著	380 元
JB0128	狂野的覺醒	竹慶本樂仁波切◎著	400 元
JB0129	禪修心經——萬物顯現，卻不真實存在	堪祖蘇南給稱仁波切◎著	350 元
JB0130	頂果欽哲法王：《上師相應法》	頂果欽哲法王◎著	320 元

橡樹林文化 ❖❖ 眾生系列 ❖❖ 書目

JP0049	西藏心瑜伽 2	克莉絲蒂・麥娜麗喇嘛◎等著	300 元
JP0050	創作，是心靈療癒的旅程	茱莉亞・卡麥隆◎著	350 元
JP0051	擁抱黑狗	馬修・約翰史東◎著	280 元
JP0052	還在找藉口嗎？	偉恩・戴爾博士◎著	320 元
JP0053	愛情的吸引力法則	艾莉兒・福特◎著	280 元
JP0054	幸福的雪域宅男	原人◎著	350 元
JP0055	貓馬麻	阿義◎著	350 元
JP0056	看不見的人	中沢新一◎著	300 元
JP0057	內觀瑜伽	莎拉・鮑爾斯◎著	380 元
JP0058	29 個禮物	卡蜜・沃克◎著	300 元
JP0059	花仙療癒占卜卡	張元貞◎著	799 元
JP0060	與靈共存	詹姆斯・范普拉◎著	300 元
JP0061	我的巧克力人生	吳佩容◎著	300 元
JP0062	這樣玩，讓孩子更專注、更靈性	蘇珊・凱瑟・葛凌蘭◎著	350 元
JP0063	達賴喇嘛送給父母的幸福教養書	安娜・芭蓓蔻爾・史蒂文・李斯◎著	280 元
JP0064	我還沒準備說再見	布蕾克・諾爾＆帕蜜拉・D・布萊爾◎著	380 元
JP0065	記憶人人 hold 得住	喬許・佛爾◎著	360 元
JP0066	菩曼仁波切	林建成◎著	320 元
JP0067	下面那裡怎麼了？	莉莎・瑞金◎著	400 元
JP0068	極密聖境・仰桑貝瑪貴	邱常梵◎著	450 元
JP0069	停心	釋心道◎著	380 元
JP0070	聞盡	釋心道◎著	380 元
JP0071	如果你對現況感到倦怠……	威廉・懷克羅◎著	300 元
JP0072	希望之翼： 倖存的奇蹟，以及雨林與我的故事	茱莉安・柯普科◎著	380 元
JP0073	我的人生療癒旅程	鄧嚴◎著	260 元
JP0074	因果，怎麼一回事？	釋見介◎著	240 元
JP0075	皮克斯動畫師之紙上動畫《羅摩衍那》	桑傑・帕特爾◎著	720 元
JP0076	寫，就對了！	茱莉亞・卡麥隆◎著	380 元
JP0077	願力的財富	釋心道◎著	380 元
JP0078	當佛陀走進酒吧	羅卓・林茲勒◎著	350 元
JP0079	人聲，奇蹟的治癒力	伊凡・德・布奧恩◎著	380 元
JP0080	當和尚遇到鑽石 3	麥可・羅區格西◎著	400 元
JP0081	AKASH 阿喀許靜心 100	AKASH 阿喀許◎著	400 元
JP0082	世上是不是有神仙：生命與疾病的真相	樊馨蔓◎著	300 元

JP0083	生命不僅僅如此—辟穀記（上）	樊馨蔓◎著	320 元
JP0084	生命可以如此—辟穀記（下）	樊馨蔓◎著	420 元
JP0085	讓情緒自由	茱迪斯．歐洛芙◎著	420 元
JP0086	別癌無恙	李九如◎著	360 元
JP0087	什麼樣的業力輪迴，造就現在的你	芭芭拉．馬丁＆狄米崔．莫瑞提斯◎著	420 元
JP0088	我也有聰明數學腦：15 堂課激發被隱藏的競爭力	盧采嫻◎著	280 元
JP0089	與動物朋友心傳心	羅西娜．瑪利亞．阿爾克蒂◎著	320 元
JP0090	法國清新舒壓著色畫 50：繽紛花園	伊莎貝爾．熱志－梅納＆紀絲蘭．史朶哈＆克萊兒．摩荷爾－法帝歐◎著	350 元
JP0091	法國清新舒壓著色畫 50：療癒曼陀羅	伊莎貝爾．熱志－梅納＆紀絲蘭．史朶哈＆克萊兒．摩荷爾－法帝歐◎著	350 元
JP0092	風是我的母親	熊心、茉莉．拉肯◎著	350 元
JP0093	法國清新舒壓著色畫 50：幸福懷舊	伊莎貝爾．熱志－梅納＆紀絲蘭．史朶哈＆克萊兒．摩荷爾－法帝歐◎著	350 元
JP0094	走過倉央嘉措的傳奇：尋訪六世達賴喇嘛的童年和晚年，解開情詩活佛的生死之謎	邱常梵◎著	450 元
JP0095	【當和尚遇到鑽石 4】愛的業力法則：西藏的古老智慧，讓愛情心想事成	麥可．羅區格西◎著	450 元
JP0096	媽媽的公主病：活在母親陰影中的女兒，如何走出自我？	凱莉爾．麥克布萊德博士◎著	380 元
JP0097	法國清新舒壓著色畫 50：璀璨伊斯蘭	伊莎貝爾．熱志－梅納＆紀絲蘭．史朶哈＆克萊兒．摩荷爾－法帝歐◎著	350 元
JP0098	最美好的都在此刻：53 個創意、幽默、找回微笑生活的正念練習	珍．邱禪．貝斯醫生◎著	350 元
JP0099	愛，從呼吸開始吧！回到當下、讓心輕安的禪修之道	釋果峻◎著	300 元
JP0100	能量曼陀羅：彩繪內在寧靜小宇宙	保羅．霍伊斯坦、狄蒂．羅恩◎著	380 元
JP0101	爸媽何必太正經！幽默溝通，讓孩子正向、積極、有力量	南琦◎著	300 元
JP0102	舍利子，是什麼？	洪宏◎著	320 元
JP0103	我隨上師轉山：蓮師聖地溯源朝聖	邱常梵◎著	460 元
JP0104	光之手：人體能量場療癒全書	芭芭拉．安．布藍能◎著	899 元
JP0105	在悲傷中還有光：失去珍愛的人事物，找回重新聯結的希望	尾角光美◎著	300 元
JP0106	法國清新舒壓著色畫 45：海底嘉年華	小姐們◎著	360 元
JP0108	用「自主學習」來翻轉教育！沒有課表、沒有分數的瑟谷學校	丹尼爾．格林伯格◎著	300 元
JP0109	Soppy 愛賴在一起	菲莉帕．賴斯◎著	300 元

JP0110	我嫁到不丹的幸福生活：一段愛與冒險的故事	琳達・黎明◎著	350 元
JP0111	TTouch® 神奇的毛小孩按摩術——狗狗篇	琳達・泰林頓瓊斯博士◎著	320 元
JP0112	戀瑜伽・愛素食：覺醒，從愛與不傷害開始	莎朗・嘉儂◎著	320 元
JP0113	TTouch® 神奇的毛小孩按摩術——貓貓篇	琳達・泰林頓瓊斯博士◎著	320 元
JP0114	給禪修者與久坐者的痠痛舒緩瑜伽	琴恩・厄爾邦◎著	380 元
JP0115	純植物・全食物：超過百道零壓力蔬食食譜，找回美好食物真滋味，心情、氣色閃亮亮	安潔拉・立頓◎著	680 元
JP0116	一碗粥的修行：從禪宗的飲食精神，體悟生命智慧的豐盛美好	吉村昇洋◎著	300 元
JP0117	綻放如花——巴哈花精靈性成長的教導	史岱方・波爾◎著	380 元
JP0118	貓星人的華麗狂想	馬喬・莎娜◎著	350 元
JP0119	直面生死的告白——一位曹洞宗禪師的出家緣由與說法	南直哉◎著	350 元
JP0120	OPEN MIND！房樹人繪畫心理學	一沙◎著	300 元
JP0121	不安的智慧	艾倫・W・沃茨◎著	280 元
JP0122	寫給媽媽的佛法書：不煩不憂照顧好自己與孩子	莎拉・娜塔莉◎著	320 元
JP0123	當和尚遇到鑽石 5：修行者的祕密花園	麥可・羅區格西◎著	320 元
JP0124	貓熊好療癒：這些年我們一起追的圓仔 ~~ 頭號「圓粉」私密日記大公開！	周咪咪◎著	340 元
JP0125	用血清素與眼淚消解壓力	有田秀穗◎著	300 元
JP0126	當勵志不再有效	金木水◎著	320 元
JP0127	特殊兒童瑜伽	索妮亞・蘇瑪◎著	380 元
JP0128	108 大拜式	JOYCE（翁憶珍）◎著	380 元
JP0129	修道士與商人的傳奇故事：經商中的每件事都是神聖之事	特里・費爾伯◎著	320 元
JP0130	靈氣實用手位法——西式靈氣系統創始者林忠次郎的療癒技術	林忠次郎、山口忠夫、法蘭克・阿加伐・彼得◎著	450 元
JP0131	你所不知道的養生迷思——治其病要先明其因，破解那些你還在信以為真的健康偏見！	曾培傑、陳創濤◎著	450 元
JP0132	貓僧人：有什麼好煩惱的喵～	御誕生寺（ごたんじょうじ）◎著	320 元
JP0133	昆達里尼瑜伽——永恆的力量之流	莎克蒂・帕瓦・考爾・卡爾薩◎著	599 元
JP0134	尋找第二佛陀・良美大師——探訪西藏象雄文化之旅	寧艷娟◎著	450 元
JP0135	聲音的治療力量：修復身心健康的咒語、唱誦與種子音	詹姆斯・唐傑婁◎著	300 元
JP0136	一大事因緣：韓國頂峰無無禪師的不二慈悲與智慧開示（特別收錄禪師台灣行腳對談）	頂峰無無禪師、天真法師、玄玄法師◎著	380 元

JP0137	運勢決定人生——執業 50 年、見識上萬客戶資深律師告訴你翻轉命運的智慧心法	西中　務◎著	350 元
JP0138	心靈花園：祝福、療癒、能量——七十二幅滋養靈性的神聖藝術	費絲．諾頓◎著	450 元
JP0139	我還記得前世	凱西．伯德◎著	360 元
JP0140	我走過一趟地獄	山姆．博秋茲◎著 貝瑪．南卓．泰耶◎繪	699 元
JP0141	寇斯的修行故事	莉迪．布格◎著	300 元
JP0142	全然接受這樣的我：18 個放下憂慮的禪修練習	塔拉．布萊克◎著	360 元
JP0143	如果用心去愛，必然經歷悲傷	喬安．凱恰托蕊◎著	380 元
JP0144	媽媽的公主病：活在母親陰影中的女兒，如何走出自我？	凱莉爾．麥克布萊德博士◎著	380 元
JP0145	創作，是心靈療癒的旅程	茱莉亞．卡麥隆◎著	380 元
JP0146	一行禪師　與孩子一起做的正念練習：灌溉生命的智慧種子	一行禪師◎著	450 元
JP0147	達賴喇嘛的御醫，告訴你治病在心的藏醫學智慧	益西．東登◎著	380 元
JP0148	39 本戶口名簿：從「命運」到「運命」．用生命彩筆畫出不凡人生	謝秀英◎著	320 元
JP0149	禪心禪意	釋果峻◎著	300 元
JP0150	當孩子長大卻不「成人」……接受孩子不如期望的事實、放下身為父母的自責與內疚，重拾自己的中老後人生！	珍．亞當斯博士◎著	380 元
JP0151	不只小確幸，還要小確「善」！每天做一點點好事，溫暖別人，更為自己帶來 365 天全年無休的好運！	奧莉．瓦巴◎著	460 元
JP0154	祖先療癒：連結先人的愛與智慧，解決個人、家庭的生命困境，活出無數世代的美好富足！	丹尼爾．佛爾◎著	550 元
JP0155	母愛的傷也有痊癒力量：說出台灣女兒們的心裡話，讓母女關係可以有解！	南琦◎著	350 元
JP0156	24 節氣　供花禮佛	齊云◎著	550 元
JP0157	用瑜伽療癒創傷：以身體的動靜，拯救無聲哭泣的心	大衛．艾默森 伊麗莎白．賀伯 ◎著	380 元
JP0158	命案現場清潔師：跨越生與死的斷捨離．清掃死亡最前線的真實記錄	盧拉拉◎著	330 元
JP0159	我很瞎，我是小米酒：台灣第一隻全盲狗醫生的勵志犬生	杜韻如◎著	350 元

善知識系列　JB0133

念住內觀：以直觀智解脫心

The State of Mind Called Beautiful

作　　者／班迪達尊者（Sayādaw U Paṇḍita）
譯　　者／觀行者
特約編輯／釋見澈
協力編輯／李　玲
業　　務／顏宏紋

總 編 輯／張嘉芳
出　　版／橡樹林文化
城邦文化事業股份有限公司
104 台北市民生東路二段 141 號 5 樓
電話：(02)2500-7696　傳眞：(02)2500-1951
發　　行／英屬蓋曼群島商家庭傳媒股份有限公司城邦分公司
104 台北市中山區民生東路二段 141 號 2 樓
客服服務專線：(02)25007718；25001991
24 小時傳眞專線：(02)25001990；25001991
服務時間：週一至週五上午 09:30 ～ 12:00；下午 13:30 ～ 17:00
劃撥帳號：19863813　戶名：書虫股份有限公司
讀者服務信箱：service@readingclub.com.tw
香港發行所／城邦（香港）出版集團有限公司
香港灣仔駱克道 193 號東超商業中心 1 樓
電話：(852)25086231　傳眞：(852)25789337
Email: hkcite@biznetvigator.com
馬新發行所／城邦（馬新）出版集團【Cité (M) Sdn.Bhd. (458372 U)】
41, Jalan Radin Anum, Bandar Baru Sri Petaling,
57000 Kuala Lumpur, Malaysia.
電話：(603) 90578822　傳眞：(603) 90576622
Email：cite@cite.com.my

封面設計／林宇晟
內文排版／歐陽碧智
印　　刷／韋懋實業有限公司

初版一刷／ 2019 年 7 月
ISBN ／ 978-986-5613-97-6
定價／ 380 元
城邦讀書花園
www.cite.com.tw

國家圖書館出版品預行編目（CIP）資料

念住內觀：以直觀智解脫心 / 班迪達尊者（Sayādaw U Pandita）作；觀行者譯．-- 初版．-- 臺北市：橡樹林文化，城邦文化出版：家庭傳媒城邦分公司發行，2019.07
面；　公分．--（善知識系列；JB0133）
譯自：The state of mind called beautiful
ISBN 978-986-5613-97-6（平裝）

1. 佛教修持

225.7　　108008524

廣　告　回　函
北區郵政管理局登記證
北 台 字 第 10158 號
郵資已付　免貼郵票

104 台北市中山區民生東路二段 141 號 5 樓

城邦文化事業股份有限公司
橡樹林出版事業部　收

請沿虛線剪下對折裝訂寄回，謝謝！

|橡|樹|林|

書名：念住內觀：以直觀智解脫心　書號：JB0133

橡樹林文化

讀者回函卡

感謝您對橡樹林出版社之支持，請將您的建議提供給我們參考與改進；請別忘了給我們一些鼓勵，我們會更加努力，出版好書與您結緣。

姓名：＿＿＿＿＿＿＿＿＿＿ □女 □男 生日：西元＿＿＿＿＿年

Email：＿＿＿＿＿＿＿＿＿＿＿＿＿＿＿＿＿＿＿＿

●您從何處知道此書？

□書店 □書訊 □書評 □報紙 □廣播 □網路 □廣告 DM □親友介紹

□橡樹林電子報 □其他＿＿＿＿＿＿

●您以何種方式購買本書？

□誠品書店 □誠品網路書店 □金石堂書店 □金石堂網路書店

□博客來網路書店 □其他＿＿＿＿＿＿

●您希望我們未來出版哪一種主題的書？（可複選）

□佛法生活應用 □教理 □實修法門介紹 □大師開示 □大師傳記

□佛教圖解百科 □其他＿＿＿＿＿＿

●您對本書的建議：

我已經完全瞭解左述內容，並同意本人資料依上述範圍內使用。

＿＿＿＿＿＿＿＿＿＿（簽名）

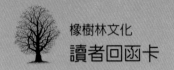